JN291901

エル・ランティの新復活

銀河天使から二十一世紀人類へのメッセージ

エル・ランティ 述
萩原直樹 記

TEN BOOKS

エル・ランティの新復活◉目次

まえがき

この本は、生きながらにして生まれ変わることをテーマに書かれたものです。人間は死んではじめて霊魂になるのではなく、現在すでに霊的存在なのです。霊界物語と宇宙情報は、見事にシンクロします。ということを、水先案内人であるエル・ランティは、解りやすく語ってくださいました。

この本は、すべてが直観のもとにチャネルして書かれています。テキストは、大自然と自分自身です。ですから、参考文献は特にありません。

そして、本書をご一読後の、あなた自身の本質（魂）の周波数は、たとえば、四次元の二〜三段階から、五次元の〇〜一段階へというふうに、一オクターブ昇華（アセンション）するようにプログラムされています。心の耳をすませて、エル・ランティの言の葉を聴いてください。そこには現在《いま》の地球人にむけて、大いなるメッセージが盛り込まれています。

地球人の顕在・潜在意識をひもとく鍵は、唯一の「神理」です。

なんとなれば、ユダヤ教もキリスト教も仏教も、その神髄は一つだからです。

モーゼ様・イエス様・お釈迦様の、じつに三位一体こそが、エル・ランティに他なりません。

理屈はともあれ、本書をよく楽しんでください。読み進める上で禁物なのは、先入観をいだくことです。ぜひ、探検家の気持ちで、心の中をまっさらにして読んで戴きたいと存じます。

各章をとおして、銀河系宇宙ドラマの登場人物が、次から次へと紹介されていきます。しかし、彼らがすべての配役というわけではありません。宇宙には、無数のファミリーおよび種族が存在し、際限ないストーリーを展開しています。本書では、現地球人と密接不可分な関係を築く種族の紹介だけに止めています。

本書を理解して戴く上で、たいせつな前提があります。それは、わたしたち一人ひとりの意識の中には、深遠な「神理」が自ら備わっている、ということです。それは、気づきです。乞い願わくば、この本が新世紀の幕開けにむけて、愛と調和と創造の懸け橋にならんことを……。

萩原直樹

エル・ランティの新復活

――銀河天使から二十一世紀人類へのメッセージ

銀河系宇宙の各所に棲むベーターー星人の末裔《まつえい》たちに本書を捧ぐ。

第一章

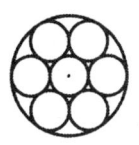

光の扉をノックして

――宇宙の起源について説明してください。

全宇宙には『モノとコト』のふたつしか存在しません。力と形です。力は眼に見えないモノで、形は眼に見えるコトです。宇宙空間は眼に見えないが故に、万生万物が湧いて出る元となる宇宙エネルギーもしくは力の総和である、といってもよいでしょう。宇宙は円のように始まりも終わりもない永遠の生命体です。ただ、ここに、そこに、あそこに、どこにも存在しているのです。宇宙は有りとし有らゆるコト、生きとし生けるモノの融合を意味しています。

すなわちすべての銀河系の、すべての恒星、惑星、衛星、不可視で精妙な宇宙のエネルギー状態から、固体化して粗雑な宇宙の物質状態に至る、すべての

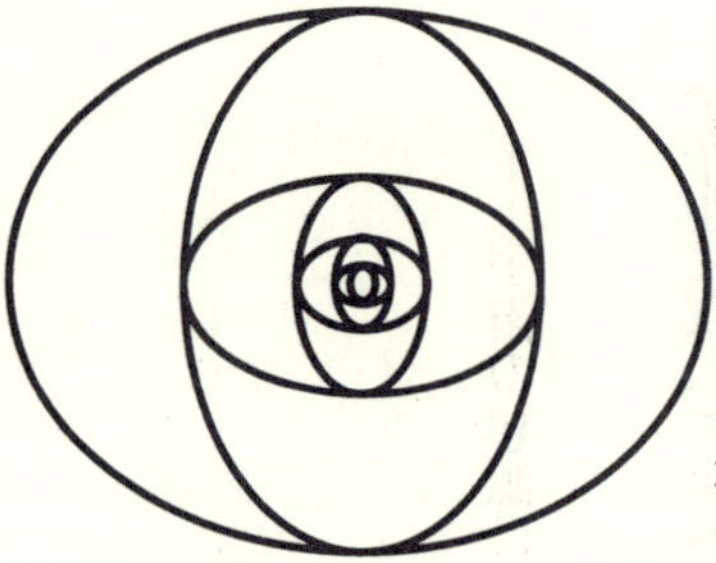

銀河系宇宙の断面は、こんな感じです。楕円形と渦を骨格として輪廻転生しています。まるでエジプトの絵模様を見るかのようです。いたるところに、細くて丸みを帯びた、シークレット・アイを発見することが出来ます。その楕円形の接触点をとおして、高次元の連絡網（次元プリズム）とエネルギー同調（シンクロ）するのです。

「可視物質世界」および「不可視精神世界」です。

すべてのバイブレーション（究極素子の波動）と、すべての本能、感情、知性、理性と、すべての顕在・潜在意識です。換言すれば「完全体」を綾《あや》なしさまざまな「現象」に内在する神意識、その『モノとコト』です。

また、わたしたちの古里は燦然《さんぜん》と輝き、慈悲と愛に満ち溢れる光の世界（実在界＝天上界）です。それは「大いなる霊《ひ》の元《もと》」です。すべてはそこから「分派延長」しているのです。

プリズム（光の屈折や分散などを起こさせる透明な三角柱）を通過して、七色に「分派」する光が白色光線であるように、七つの異なる波動レベル（詳細は後で述べます）に「延長」する「意識」は、もともと「大いなる霊の元」の中で統合状態にありました。

宇宙の時空間には、いわば意識やエネルギーの入口＝ブラック・ホールと意識やエネルギーの出口＝ホワイト・ホールがあって、この出入口が光のプリズムの原型《アーキタイプ》です。

そこを通って星やヒトやイルカなどの、すべての生命体が「分派延長」し、誕生を迎えるのです。

この意味で宇宙の起源は、無際限かつ永遠といえるでしょう。

――それではビッグバン理論は一部正しくないのですか？

ビッグバン理論は宇宙の起源の必ずしもすべてを説明してはいません。なぜならビッグバン以前の宇宙も間違いなく存在するわけで、それは空＝充満する「絶対無」です。非物質世界のエナジー宝庫です。

つまり、わたしたちが住む銀河系宇宙は、純粋なエネルギーに満ち満ちています。それは微分可能な素粒子の世界＝ミクロコスモも同様です。

つまり、宇宙は「静と動の狭間《はざま》」で脈々と呼吸を繰り返しながら輪廻転生する、無限の次元ワールドなのです。そこには、無数の「自由意志」に貫かれた波動レベルが存在します。

ビッグバンの直後、「大いなる霊の元」の一部が光のプリズムを通過して、七つの波動レベルに「分派」しました。それが現宇宙の創世記です。

——霊の元（日の本）のビッグバンと同時に「意識」の「分派延長」が起こって、個別（全体が山塊、山脈＝ブラフマンなのに対して、山頂は部分＝アートマン）の「意識」は、それぞれの「自由意志」のもとで一種の相互関係を保ちながら「拡散放射化」した、ということでしょうか？

はいそうです。そして「分派」の状態から「統合」の道に至ることが宇宙（実在するパラレル・ワールド）のプログラムです。「大いなる霊の元」はホワイト・ホールの通過と同時に、一旦は「分派延長」して、その後、それぞれの「意識」は「統合」されてブラック・ホールから出ていきます。そして、ひとつのオクターブに到達して、新たなプログラムの誕生を迎えるのです。
小宇宙《ミクロコスモ》は常に大宇宙《マクロコスモ》の映し世です。また、その逆も真なりです。たとえば原子（中性子、陽子、電子）の構造と太陽系の構造に「相似象」が見られるのも単なる偶然ではありません。

このことはわたしたちの「意識」にも当てはまります。アトム体（原子体）に宿って地球上の生活を始めるということは、「大いなる霊の元」が光のプリズムを通過し、さらに「統合」されてゆくプログラムのミニチュア版です。

――それでは「意識」とは何なのでしょうか？

それは万生万物の生命力です。わたしたちの「意識」は五官六根をとおして見聞き語りますが、「意識」が原子肉体を去るとき、そのヒトは死者と呼ばれます。しかし「意識」は永遠の連続体で、普遍的な『モノとコト』です。ヒトの「意識」は自分は全体から分離した「個」としての、あるいは形《かたち》あるモノとしての自覚ですが、宇宙普遍の「意識」は万生万物、森羅万象が一体である、という自覚です。これが仏教で言われる「阿頼耶識《あらやしき》」です。

――「意識」は肉眼レフで見えない『モノとコト』ですが、肉眼レフで見える『モノとコト』は、どういうメカニズムでそうなるのですか?

目に見える『モノとコト』は、目に見えない「意識」の実体、つまり宇宙の不滅な非物質エネルギー(霊子)から成り立ちます。

一方、宇宙の「神意識」、すなわち「大いなる霊の元」は万生万物を最初の非物質エネルギー(霊子)から、まずはじめに、眼に見えない状態で型どっています。つぎに霊子の振動数を下げることで、少しずつエネルギーを集中固体化していき、ついには肉眼レフでも見える粗雑な振動状態を生み出しました。

たとえば、空中浮揚はテラ地球の重力による引く力を、もっと高い振動数に置き換えることです。

わたしたちは低い振動が常に高い振動を支えることを知っています。ちょうどわたしたちが居住する地球が、地球自体よりも少し高い振動をもつ物体を支えるように、大気層もそれ自体より高い振動の『モノとコト』をなんでも支えるのです。

そして、ヒトの肉眼レフが捕らえる波長は、四千から七千オングストロームの範疇《はんちゅう》で、実に限られています。周波数にして十の十五乗ヘルツくらいです。

肉眼に見えない「実相」の方が圧倒的に大量かつ重層的です。しかし、これを第三の目（アジュナー・チャクラ）で観《み》れば、前記の範疇をサッと超えるようになります。それには、曇りなき心の眼《まなこ》を開くことが必要十分条件です。

具体的には宇宙の法則（大自然の摂理）に準じて、心の三毒を食べないことです。すなわち「愚痴」「怒り」「貪《むさぼ》り」の周波数（粗い波動エネルギー）に同調《シンクロ》（共振共鳴）しないことです。それが十分条件です。必要条件は、すべての存在に無償の愛を施すことです。それは「絶対自力」とも形容される心的な波動エネルギーの『モノとコト』で、相対的な「お情け主義（他力本願）」とはちょっと違います。

実のところ「愚痴」「怒り」「貪り」の三毒に足をすくわれてこの世で苦しんでいるヒトたちは、飽くことなき泥《どろ》試合を演じています。ひとりのヒトが這《は》い上がろうとしますと横槍を入れて他のヒトが足をひっぱりに来ます。そのときお情けに流され這い上がるのを止めてしまうと、一生泥沼から出られません。一時は「なんて冷たいヒトだ」と思われようが、足をひっぱりに来たら突き放してでも這い上がるのがよい方法です。しかし！　です。一度這い上がったらすぐに、まだ泥沼の中で苦しんでいるヒトたちをグイとひっぱり上げるのです。これは「我良し、強い者勝ち」の価値観とは似て非なる「施し」です。

ヒトを助けようと思ったら、まず自分自身を助けないことには埒《らち》があきません。自分の心を盤石《ばんじゃく》な『モノとコト』にしてからヒトの心を癒し、精一杯サポートさせていただくのです。これが「絶対自力」による愛情表現です。

——愛とは？

愛とはハートのチャクラにあって、そこから「水紋状に拡散」して「火柱状に放射」する、暖かい波動エネルギーです。非エゴのマクロな愛のフィーリングは「利他愛」ともいうべき、第三惑星テラ地球上で最も敬愛される、高い振動数（周波数）の波動エネルギーに満たされます。ここではなにごとも「してやる」のではなく「させていただく」という精神が肝要《かんよう》です。

宇宙のマスターは、有りとし有らゆる行動の背後の目的を洞察し、原因と結果という「因果応報《いんがおうほう》」の宇宙普遍の法則を認めるために甘い同情は寄せません。しかし、常に忍耐強く優しく、ちょうど太陽がその暖かく活力を与える光線を万生万物、森羅万象《しんらばんしょう》に等しく送り出すように、知恵と勇気と努力と神の非個人的な愛が、常に揺らぐことのないエネルギー放射を発現しているのです。

非利己的な愛によって「大いなる霊の元」がこの世に三次元化します。慈愛は有りとし有らゆるコトを「癒す」、そして「赦《ゆる》す」宇宙の複合的なエネルギーです。生きとし生けるモノの慈悲と愛をとおして、万生万物が生まれ出づるのです。このときに「命」が生成化育発展されて「柳は緑、花は紅」になるわけです。実にありがたい『モノとコト』です。

愛は数多《あまた》の体験と観察力によって、脈々と育まれます。そして愛の実体としてのやすらぎと不退転の心（不動心）は、日常生活を営む上で調和のとれた健全な環境（真、善、美の衣、食、住）を約束されるでしょうし、反対に宇宙の法則にかなわない不調和な心は、その諸チャンネルに応じる、不健全な環境（偽、悪、醜の衣、食、住）に甘んじる、という現象を伴うでしょう。

いずれにせよ自らの原子体（フィジカル体）が善（陰陽の調和）と悪（陰陽の不調和）の影響を直接的に享《う》けますと、それはまたとない貴い体験学習として、自身の「想念フィルム」にその全容を記録されます。と同時に、さまざまなバイブレーションに遭遇する、生きとし生けるモノ、有りとし有らゆるコトは、現場セットとの遠近に拘《かか》わりなく、比類なき無限大の影響を享けるということを肝に銘じてください。

ようするに、精神は三百六十度の羅針盤で、自由自在の一念三千だからです。ここにおいても慈悲と愛の集合体である、自らの「自由意志」が『モノとコト』をいうのです。

第二章

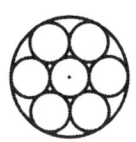

イデアの世界

――今、外は雨ですけれど、雲の上はいつも晴れですね。

はい、太陽は三百六十五日年中無休です。日々是好日なわけです。燦然《さんぜん》と光り輝くあの生命体は、愛と慈悲の複合的エネルギーから成っています。わたしたちの魂（本質）も太陽と同じように、四六時中活動して無償のエネルギーをお布施しています。たとえ肉体の機能が停止してもです。

――え？　死んでもということですか？

はい、そうです。この世での死はあの世での誕生です。たとえ原子体（フィジカル体）が滅びようとも、わたしたちの魂は永遠の存在です。プラトンが言うように、本質は実在界《イデア》にあるのです。

肉体の死、すなわち原子体の崩壊は、魂の乗った船が光子体に変換することを意味します。この場合、魂は不生不滅、不増不減です。

——魂と肉体の関係は、エネルギーと物質の関係によく似ています。つまり、不二一体という点で……。

そうです。般若心経《はんにゃしんぎょう》の中の「色即是空《しきそくぜくう》、空即是色《くうそくぜしき》」のパラダイムに相当するでしょう。あるいは、色心不二とも表現できそうです。色は物質で、心はエネルギーです。そして、心は実在の世界にあって、実に精妙なバイブレーション（波動）を発信（発振）しています。それは非物質の世界です。この意味から、地球上の概念でいわれる色は科学で、心は宗教に値《あたい》します。このふたつは不二一体です。本来「祭政一致」なのです。

動物、植物、鉱物の三物は原子体から成っていますが、たとえば鉱物のように成長せず、不動のポジションをキープしながら風化し、千変万化している生命体もあれば、植物のように静的状態を維持、管理、運営しているエナジー体もあれば、動物のように自由意志、自由選択によって活動の領域が変化する動的な生命体もあります。

いずれの状態にあろうとも、その魂は非物質的な波動エネルギー（霊子）から成り立っています。

——となりますと、わたしたちは死んで初めて魂になるのではなく、生きながらにして、すでに霊的な存在である、ということですね？

そのとおりです。わたしたちの根源は、精妙な波動エネルギーの集合体です。この場合、霊子（究極のモナド粒子）は実ではなく虚の質量を有しています。したがって、魂に質量はありません。

しかし、ヒトの想念が自然の法則に反して、心の三毒（愚痴、怒り、貪り）に犯されてくると、本来晴れである心（意識の中心）の周囲に暗雲がたちこめてきます。その結果、神の光を自ら遮《さえぎ》って、ちょうど磁石のN極とS極が引っ張りあって合体するように、その暗雲の周囲に実の質量を有する振動数の低い物質が、吸い寄せられてきます。すると、質量のないはずの魂に重心力が働くようになるのです。

――肉体的な負担を強いられるようになるということですか？

そうです。さまざまな不調和な現象に苛《さいな》まれるようになります。魂が病むと、光子体の波長、波形、振幅、周波数等が粗雑になって、ひいては原子体（アトム体）が変調をきたすのです。病気の八割はこのような経緯によるものです。

これらはすべて因縁因果の法則から成っている、ということに気づかなければなりません。悪の原因をつくれば、悪の結果（カルマ＝業）が反映して、善の原因をつくれば、善のカルマ（結果）が反映します。ヒトの心は一念三千ですから……。

これは宇宙の真理（神理）です。この事情を知って日々の生活を送りたいものです。これが、日々是好日の真意です。

さて、質量のないはずの魂のエネルギーに、実数で測れる質量が生ずるようになると、その魂は地球の磁場圏（ブラック・バリア）から脱出することが出来なくなり、ついには地獄界を捻出《ねんしゅつ》するようになります。

実は、地獄は本来存在していませんでした。ヒトが後天的に作り出した世界です。類が友を呼ぶ方式で、現在のマイナス次元（波動レベル）が生まれたのです。

——ヒトは地獄の世界から、この世へ転生することはありますか？

それはあり得ません。マイナスの波動レベルを体験した魂たちは、陰と陽の調和（バランス）とハーモニーをよく悟って、一日天上世界に昇華《しょうか》（アセンションし、それから赤ちゃんの原子体に宿ります。そして新天地で創造行為をしてゆくのです。

しかし、残念ながら地獄の住人は、そのことを理解していません。この世がすべてという偏見から、諸行無常の物質世界に執着をもち、囚われの身に陥ることで、そのような不調和なバイブレーションを発信するようになったのです。つまり、偽我が横行したということです。偽という字は、人偏に為と書きます。人の為にすることとは、結局全部自分自身の為になるということです。しかし、この世は如何《いかん》せん偽善者過多です。

それが現在の世相にも色濃く反映しています。家庭内暴力や足ることを知らない情欲産業、犯罪の低年齢化や教師や親に対する不徳の心など、目を覆いたくなるような惨状が毎日のように繰り広げられています。その不調和な波動は、天上の世界にも多大な悪影響をあたえています。

しかし、魂の兄弟《ソウルメイト》たちは、このような悲しい現状に手をこまねいてばかりはいられません。なんとかして、サポートの手を差し伸べたいと、必死になっているのです。

とはいえ、当の本人が自覚して、よく反省して実践しないかぎり、いかなる救いの手も空をきってしまいます。すなわち、光明の破魔矢が天上の世界から射られて、それが現実の『モノとコト』として反映するには、本人の心が丸く豊かに調和されていなければならないからです。

波動共鳴（共振作用）の法則が具体化するには、それだけの心のキャッチボールが不可欠となります。正しい指針を心のものさし《スケール》にしなければ、けっして成り立ちません。

正しく見、正しく思い、正しく語り、正しく仕事をなし、正しく生き、正しく道に精進し、正しく念じ、正しく定に入《い》ることです。これらが、お釈迦様の説かれた「八正道」です。けっしてかたよってはなりません。それは己の心を「中道」という調和のとれた精神に引き戻すための、神の規範（律法）です。

そして、勇気と努力はヒトの知識から偉大なる叡智につながる、またとない導火線といえましょう。なので、煩悩《ぼんのう》即菩提《ぼだい》なのです。そう、神仏の子として、万物の霊長として……。

第三章

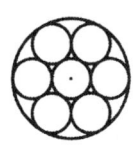

アトランティスの末裔《まつえい》

今から約一万二千年前のアトランティスの時代、わたしたちは太陽を崇拝していました。そのときの大王がアガシャです。ここには「Law of Central Sun」の原型《プロトタイプ》がありました。

太陽神のことを銀河系宇宙ファミリーでは、アガ・ラマ（光の存在）といいます。古今東西太陽信仰の司祭者らは、このアガ・ラマという言霊《ことだま》を直感していました。ですから、邪馬台国《やまたいこく》の卑弥呼《ひみこ》は別の漢字で表記すると、日見子（陽巫女）になるわけです。日見子の「日」という当て漢字は、火でも陽でも氷でも燈でも霊でもありました。すべて「ヒ」と発音します。

——ああ、なるほど。

さらにいえば、日見子（陽巫女）はひとりではなかったのです。これは一般名詞でして、太陽信仰を司るシャーマニックな存在のことをこう呼んでいました。歴史の教科書とはちょっと違いますけれども。

彼女たちは、抜群の直感力と神通力を併せ持っていました。空海（弘法大師）とも、霊的な縁がとても深い方々のようです。

――アガ・ラマが光の存在だとしますと、それは人格神を含めての物言いだと思われますが……。

はい、そうです。たとえば、日本の神話に登場するアマテラス、約五千年前の古代エジプトの大王（ファラオ）であるアモン、西国浄土で知られる阿弥陀など、これらの光の存在（天使）は皆アガ・ラマです。

ちなみに、キリスト教で謳《うた》われる「アーメン」という言葉の響きは、アマテラス、アモン、阿弥陀と語調がシンクロしています。

——太陽に感謝ですね。一秒間に二百万トンもの石炭を燃やす程の莫大なエネルギーを発振しながら、光熱費の請求書を送ってきたりしませんから。これこそ無償の愛ですね。ところで、アマテラスは「あまねく照らす」という意味でよろしいですか？

はい。彼女は光の天使です。太陽神が女性というのはとても珍しいのです。日本では、御上《おかみ》さんのことを奥さんといいます。奥なのですが、上だという非常にバランス感覚がよろしいです。

アマテラスは、アトランティス時代に説かれた「Law of Central Sun」を後世に伝えるために現れた、大日如来と起源をひとつにしています。

彼女は言います。

「神は父であり、力の導《しる》べです。仏は母であり、愛の導べです」と。そして、力は愛によって潤い、愛は力によって輝きます。神仏は本来ひとつです。彼女は今も、やわらかい波動を全宇宙空間に発振（発信）し続けています。

——アトランティス大陸は、どうして一夜にして陥没してしまったのでしょう？

アトランティス時代の末期、大陸の南部で一種のクーデターが勃発して、世情はとても不安定でした。ごく一部の施政者や権力者の手によって、当時の光の天使たちが数多く惨殺されました。磔《はりつけ》にされたり、生き埋めにされたり、八つ裂きにされたり……。

それが神の怒りに触れ、まるごと沈没してしまったのです。

しかし、転生輪廻の法則を心得、心の窓が開かれていた光の天使たちは、加害者らをけっして恨むことなく、天上の世界に帰りました。そして現代、当時の魂たちが、日本をはじめ世界中のあちこちに天孫降臨して来ているのです。

彼らや彼女らは、第六根アーリア人種と呼ばれています。

——わたしは電車に乗っていて、ランドセルを背負った子供たちの黒く輝く瞳に、ふと、美しいブルーのフラッシュ光線を視《み》ることが度々あります。そして、時折、彼らや彼女らの唇から「アトランティスの栄光よ、永久に幸《さき》え給《わ》へ！」という言の葉が、ハラハラと降り注いでくる模様を心の耳でしかと聴くことがあります。

これはどういうことでしょうか？

彼らや彼女らは、プレアデス星団（スバル座）のマイア、メロペ、エレクトラなどから地球に降り立っているのです。新しい時代の幕開けにふさわしい、そうそうたる顔ぶれです。

彼らや彼女らは言います。「肉体先祖に固執することなかれ！　人類は皆兄弟。魂のメイトなり。五代前までが身内か？　六代前は他人か？　ときに地球人よ。十五代前まで溯《さかのぼ》ってみよ。他人と思えしヒトの内に、身近な共通の先祖を見いださん。してみれば、そなたたち人類に、はたして他人など存在したもうか！」と。

――たしかにそうです。ここは自分の地所だ。国だ。星だという領域侵犯も、元を正せば人間のエゴの現れです。

ほんとうは、この星をみんなで上手に共有したいのに。共存共栄が大いなる宇宙のテーマなのに。

光の天使たちの弁は、さらに続きます。

「汝らに問う。はたして人間は輪廻転生するモノか否か？　答は然《しか》り！　ヒトの命は永遠なり。モノの命も永遠なり。電車内の衆生よ。そなたの毛髪を構成する一粒の炭素原子は、隣人の前世の爪を構成せし一粒の炭素原子である。その公算は大なり。吊り革の、スチールの、座席の構成原子が、そなたの来世の目の一部になることもありなん。しからば諸々の衆生よ。モノを大切にせよ。それらはそなたの分身なり！」と。

魂（本質）は輪廻します。物もサイクルします。地球も自転、公転します。銀河も巡ります。巡らぬ『モノとコト』など、この世にもあの世にも、ひとつとしてあり得ません。

これらを構成する究極の超原子は、霊子（モナド粒子）です。光子体《ライト・ボディ》の素子も、モナド粒子の回転球体スパイラル運動によって、振動数が上昇下降して「生滅」します。

このことは極微《ミクロ》の世界においても然りです。原子核の周りを陰外電子がクルクルとスピンします。まるで恒星太陽を中心にして、ケプラーの法則どおりの楕円軌道に乗る十二の惑星さながらに。

すべての生命体は、宇宙の風に乗ってきれいなシュプールを描きながら、それぞれの存在理由を謳歌し、お互いに切磋琢磨《せっさたくま》します。宇宙の塵は、昨日の、今日の、明日の友を探し続けるのです。手をつなぎ輪になって、コスミック・ダンスを踊りながら……。

――転生輪廻の実態は、仏教の華厳経十地品や、聖書の使徒行伝第二章などに、はっきりと見て取ることができますね。わたしのまわりにも過去世の出来事をあたかも昨日のことのように、当時の言葉（異言《いげん》）でペラペラと喋《しゃべ》る方が大勢いらっしゃいます。これらは、とても不思議な現象です。

それは事実です。あなたの周囲には、天上界からのサポートをじかに享《う》けて、そう遠くない将来にあなたと縁の深いソウルメイトたちが続々と現れることでしょう。乞うご期待ください。

イマニュエル・イエス・キリスト、ゴーダマ・ブッダ・カンターレ、モーゼの祝福のもとに。ハレルヤ、ハレルヤ。ハレハレハレハレルヤ。

第四章

完成の数字七について

――善と悪についてお話してください。

善とは、陰と陽の調和です。悪とは、陰と陽の不調和です。陰が悪で、陽が善ということではありません。たとえば、プレアデス（ポジティブ志向）とオリオン（ネガティブ志向）の葛藤が、その昔終止符を打ったように。

あなた方地球人も執拗なまでの「善悪闘争」にそろそろ別れを告げるときが来ています。なぜなら、目的が平和であるとしたら、手段も平和的であらねばならないからです。

ですから、本来聖戦などというものは存在しません。目には目を、歯には歯を式の論理回路からの「脱出」を図る必要があるでしょう。ときとして苦しみを味わう『モノとコト』がありますが、苦しみをとおして人格、霊格を向上させ、祝福する法則に従うことを、しかと体験するのです。苦痛はさらに高い「意識」との一体化へヒトを駆り立てる、一種の刺激的なバイブレーションです。また求道者は、ある一定の食べ物を控える必要など毛頭ありません。「意識」はあらゆる元素の支配者です。その探求者の「意識」が清らかならば、そのヒトにとって不浄なものはなにも存在しないのです。すべては血と汗と涙の結晶です。

――エデンの園の「善悪を知る木」の果実を食べた、アダムとイヴの思考回路からの脱出という意味ですか？

そうです。また、これと併せて「命の樹」の存在理由を知る必要もあるでしょう。

つまり、地球人の霊性および神性は、地球人という種族を遺伝子工学的に創造した「種を蒔《ま》く神々」の恣意《しい》行動からの束縛を享《う》けず、また過度なサポートもいらない、という宇宙の大きなルールです。この「種を蒔く神々」とは、宇宙の創成期に「大いなる霊《ひ》の元《もと》」から派生した最初の人間《ヒューマノイド・タイプ》型の宇宙人のことを指しています。

さて、あなた方地球人の祖先は地球から数億光年先のベーター星人ですが、それは今から三億六千数百年前に溯《さかのぼ》ります。

ＵＦＯ（反重力光子宇宙船）に乗って、ウリエル、ガブリエル、パヌエル、ラグエル、ラファエル、サリエル、ミカエルの七大天使以下約六千人の第一艇団が、現在のナイル渓谷の東部、カイロとエルサレムの中ほどのスエズ運河沿いにあるアル・カンタラに着陸しました。

それがエデン（理想郷）の園です。

当時のエジプトは、温暖で緑豊かな環境下にありました。これは地軸の移動《ポール・シフト》による気候帯の大変化に基づいています。

最初の「種を蒔く神々」は、こうして地球に入植しました。地球の前は金星で、その前はプレアデス星団（スバル座）で、その前はシリウス（犬星）で、その前はオリオン座のベテルギウスで、その前はカシオペヤ座のメシエで、その前は琴座のヴェガです。詳細は後で述べることにします。

——ヴェガには虹のプリズムがあります。光の七大天使は、この地で「分派延長」したのでしょうか？　赤、橙、黄、緑、青、藍、紫の七色に……。そういえば、大天使ミカエルの翼は虹色でしたね？

そうです。さっそくですが、彼女に語ってもらいましょう。

「我は七色の翼をもつ天使なり。地より湧き出でて天へ帰らん。我は力天使ヴァーチューズの指導者、大天使アークエンジェルズの指導者、神の御前のプリンセス、慈悲の天使、正義の天使、聖別の天使なり。我はお前の民の子らを守護する。そのときまで苦難が続く。国が始まって以来かつてなかったほどの苦難が。しかしその時には救われるであろう。お前の民、あの書に記された人々は。多くの者が地の塵のなかの眠りから目覚める。ある者は永遠の眠りに入り、ある者は永久に続く恥と憎悪の的となる。目覚めた人々は大空の閃光のように輝き、多くの者の救いとなった人々はとこしえに星と輝く」

現在「第七の波」がフォトン・ベルトに誘われて、テラ地球に降り注ごうとしています。いわば、新世紀の幕開けです。

たとえばド、レ、ミ、ファ、ソ、ラ、シの七音は、虹の階段を駆け抜ける風の「きらめき」と水の「さざめき」のハレーションを醸《かも》し出して、わたしたちの五官六根をより詩的にサポートしたり、まるで粘膜質的媒体のように機能します。

さらに、シナプス（神経細胞の接続部分）の運動を活性化したり、あるいは「感性」と「理性」のバランスとハーモニーを図るようにプログラムする「潜在意識」の伝達回路《ニューロン》と間脳のホルモン分泌作用を促進したりと、実に色々な音色を奏でます。これも「第七の波」の具体的な相乗効果です。そのとき、地球人のチャクラは現在の七箇所から十二箇所に編成されます。DNAの螺旋《らせん》構造も同様に、二束から十二束にシフト・アップします。

つまり、光のコード（暗号および符号）が、フォトン・ベルトの到来に伴って首尾よく書き換えられるのです。それは、あなた方地球人の「意識」を無事昇華させ、新世紀（新星期）の幕開けに相応《ふさわ》しい「天使の再来」の序章の第一ページを開くことに等しいのです。

――「七」は、古今東西完成の数字といわれていますが、その起源はいかほど溯るのでしょうか？

まず、「七」の歴史ということになりますが、それは直線的な時間軸に則した解釈をしますと、現在の銀河系宇宙の誕生にまでバック・トゥ・ザ・フューチャーすることになります。頭に「現在の」を付けるのは、それが宇宙の歴史的な述懐《じゅっかい》にあって、必要、必然、ベストな出来事だからです。

現に、琴座のヴェガの光のプリズムは、銀河系宇宙の中心であるセントラル・サン（霊太陽）の白色光を七色に「分派延長」します。そのときから、銀河系宇宙に陰陽の二元論が成立しました。宇宙の七つのお祝いに、双子が誕生したのです。

すなわち、時空間のシンメトリーは、対象としての「現象」から時間軸と空間軸というアンチノミー（二律背反および二項対立）を産出しましたが、この場合の前者が「現」を、後者が「象」を顕現しています。

ところが、宇（空間）と宙（時間）のリアリティーは、本来両者の不二一体性の賜物で、言い換えれば、宇宙の二字熟語は二卵性双生児（二児熟子）なのです。

したがいまして、現在の銀河系宇宙の「現象」は、それが過去の歴史であろうと未来の記憶であろうと、宇と宙を分離切断するということは、二卵性双生児の一元性を全否定することになります。さらに父母両性調和（陰陽の受精卵）を「現」でも「象」でもない無に帰すことになってしまいます。

実のところ、この時間と空間を宇宙のマスター・コンピュータ・ソフトから消去《デリート》することは絶対に出来ません。なぜなら、宇宙の意志は根本創造主「大いなる霊の元」による生成発展のプログラムに他ならず、その大元のソフトを消去するということは、未来の子どもが過去の御祖《みおや》を殺《あや》める、という自己矛盾《パラドックス》をはらむことになるからです。

――最近多発している、ミステリー・サークルに七角形が多いのも時間と空間の不二一体性と関連していますか？

はい。一から九までの整数のうち、三百六十度をスパッと割り切れない素数は唯一、七だけです。正七角形は、その場の波動レベルを「四次元の二から三段階」から「五次元の〇から一段階」までシフト・アップします。

ところで、七という数字は、わたしたちの生活とも非常に馴染み深いようです。たとえば、七福神の大黒天、恵比寿、布袋、弁財天、毘沙門天、福祿寿、寿老人。ド、レ、ミ、ファ、ソ、ラ、シの七音階。

アトラスの七人姉妹ことマイア、メロペ、ケラエノ、タイゲタ、ステロペ、エレクトラ、アルキオネ。

北斗七星のドウベー、メラク、フェクダ、メグレズ、アリオト、ミザール、ベナトナシュ。四から七次元のライト・ボディ（光子体）エーテル体、アストラル体、メンタル体、コーザル体。

七つの経絡《けいらく》サハスララ、アジュナー、ヴィシュッダ、アナハタ、マニピューラ、スウァディシューナ、ムラダーラのチャクラ。日、月、火、水、木、金、土の七曜日。前に述べた七大天使。

それから、エノクの天界訪問としても知られるシャマイン、ラキア、シェハキム、マコノム、マテイ、アラポト、ゼブルの七神殿。まだまだありそうですが、このくらいにしておきましょう。

――虹色の階段を駆け登ると、大いなるパラダイム・シフトが見えてくるのですね。どうもありがとうございました。

そういえば、サイコロの目はよくよく見ますと、一の裏は六で、二の裏は五で、三の裏は四ですね。足し算しますと七でしょう。三を当て字で書きますと「産」です。産とは産まれることです。赤ちゃんが産まれるのは、実に目出度いと皆が祝いますすね。

ところが、四を当て字で書きますと「死」です。ヒトが死ぬとみんな悲しみ、苦しみます。だとすると、三の裏に四があるということは「おめでとう」と祝ううちにすでに死の悲しみをはらんでいるのだ、ということを示していることになりますね。何人たりとも例外は認められません。人生は、楽あれば苦あり。この『モノとコト』は、免れることのできない自明の理《ことわり》です。

因果の法則は誠にハッキリとしていて、天地の理にいささかの狂いも、寸分の違《たが》いもないということですね？

サイコロの一の裏は六です。これは、たとえ一言であっても言い伝えることは六《む》つかしい、ということの譬《たと》えです。一と六を足し算すれば七難が来る、となります。そうかと思えば、七福が来るとお目出度いアナロジーにもなっています。

これは、すべては一言にかかっていますので、言葉の使い方には重々気をつけましょう、との諭《さと》しです。もうひとつ、二の裏は五です。これは、荷をもつことに拘《かか》われば業《ごう》が煮える、のメタファーです。財産、地位、名誉という荷物、果ては「我良し、強い者勝ち」の執着にしがみついていると、ヒトはこれらを失ってはならないという大きなお荷物をかかえることになります。

重たくて、いくら翼をはためかせたところで、天上界まで容易に昇り詰めることは叶いません。心の垢落《あか》としに精を出すことです。そして、こんな荷物はなんのその。積徳修善、すなわち徳を積む、たとえれば、善根を植えて弱きヒトをサポートするという荷物をもつようにすれば、業が煮えることもありません。苦しみや悲しみからもようやく解放され、ほんとうの「自由」を謳歌することが出来るのです。

第五章

いま、天使の予感

――七大天使の役割について説明してください。

天使の称号であるエル（L＝ライト）は、光を指しています。また、神の光を直接うけている真のメシア＝エル・ランティの頭文字でもありまして、光の七大天使にはそれぞれの使命と役割があります。以下、簡単に列記してみましょう。

ウリエルは政治と経済、サリエルは医学と薬学、パヌエルは自然科学、ラグエルは法律と自治、ラファエルは芸術と文学を担当し、カブリエルは主に通信伝達の係を、そして、ミカエルは第九波動レベル（宇宙界）と第八波動レベル（如来界＝金剛界）をつなぐ天使長で、七色の光の御前です。

七大天使のうちウリエルからガブリエルまでの六人の系統には、それぞれ約六十億人の「意識」が名を連ねていますので、太陽系霊団の総人口は約三百六十億人です。

ですから、わたしたちの魂の兄弟は六人でワン・セットです。転生の順番は、基本的には五百から千年ごとにひとりずつ輪廻します。その構成パターンは四つあります。

①一人の男性の本体プラス二人の男性の分身と三人の女性の分身、②一人の女性の本体プラス二人の女性の分身と三人の男性の分身、③一人の男性の本体プラス五人の男性の分身、④一人の女性の本体プラス五人の女性の分身、というわけです。

さて、ガブリエルの役割の中で特筆することは、彼のもとには「セラビム」という水の神（菩薩様）と「ケルビム」という火の神（諸天善神）が、それぞれ数百名ずつ配置されています。イスラム教の開祖マホメットを天上界から指導したのはこのガブリエルで、アラーの神とはエル・ランティのことです。

ほかにも、エル・ランティは自ら次のように名乗っています。古代エジプトの地で天上界よりモーゼ様を指導したときには、ヤハヴェを名乗り、イスラエル・カナンの地でイエス様を指導したときにはエホバを名乗り、インド・ウルヴェラの地でお釈迦様を指導したときは梵天《ボンテン》を名乗りました。お釈迦様のときなどは、ガブリエルの小集団の方がゴーダマ・ブッダ・カンターレという偉大な方が誕生するということをゴーダマの両親に告げました。アシタバという仙人です。

こうしてお釈迦様（カンターレ）とイエス様（イマニュエル・イエス・キリスト）とモーゼ様（モーセ）のお三方こそが、エル・ランティの光の分霊（三位一体）なのです。

――ケルビムとセラビムについて捕捉してください。

両者を形態パターンで図示しますと、五芒星《ごぼうせい》と六芒星《ろくぼうせい》になります。すなわち、五芒星は☆→→「火」で、六芒星は✡→→「水」というふうにしてアナロジカルに理解することが出来ます。

これこそは、カとミの陰陽大調和です。この場合のカは科学力(火の働き)を、ミは精神力(水の働き)を意味しています。ふたつが調和してカミです。

これまでの時代はどちらかといいますと、カに重きをおきすぎました。そして時代はめぐり、現在は魚座《うお》からアクエリアス(水瓶座《みずがめ》)へとシフト・アップして、これから水(ミ=瑞)の働きがますますクローズ・アップされてくることでしょう。また、そうでなければ自然界のバランスを欠いてしまいます。これは、地球の生成、化育、発展と宇宙の調和をはかるという意味で、実に重要なパラダイムです。

五芒星と六芒星の組み合わせに関してですが、たとえばサッカーボールにそれをうかがい知ることが出来ます。この場合、正五角形が黒地で正六角形が白地の球体《グローブ》です。

ガイア(地球生命体)にも同じように点と線と面が、ところせましと張り巡らされています。その三角形がクロスする諸点が、いわゆるエネルギー・スポットです。

それから、五大元素の木火土金水《もっかどこんすい》は、地球上の哺乳類、鳥類、爬虫類、両生類、魚類の内臓諸器官にそのまま当てはまります。木火土金水の固有の振動波は、それぞれ肝臓、心臓、脾臓、肺臓、腎臓と波動共鳴（同調）します。眼、耳、鼻、舌、身も五官（ペンタグラム＝五芒星）で、これに意が加わって六根（ヘキサグラム＝六芒星）になるのです。五臓六腑という表現もここから発祥しています。

このように、五芒星と六芒星の順列、組み合わせには、いろいろなダイアグラム（図表）があるのです。そして、この世の一瞬一秒一日一生にも六五四《ロゴス》や五六《ゴロ》合わせなどと言うように、火と水のパラダイムが大きく反映しています。

――こんどは「ひふみ」について解説してください。

ひふみは一二三です。一二三は火風水です。

火風水のヒ（火）は陰陽五行の「陽」を、ミ（水）は「陰」を表しています。ですから、拍手《かしわで》を打つときの左手は「陽」を、つまりヒダリ＝火足り（垂り）を表し、右手は「陰」を、つまりミギ＝水極まりを表しています。

陰と陽が拍手によってスパーク（閃光）するとき、火と水（一と三）が風のフッ（二）という音を奏で、イザナギ（左＝火）とイザナミ（右＝水）の陰陽調和によって、ヨ（世＝四）が出（五）づるのです。こうして黄泉《よみ》（四三）の国が常世《とこよ》の国の対称世界として生まれました。そして数え歌と形、言の葉の意味が生じたのです。

ですから、人はヒト（一十＝霊止《ひと》）でプラスとマイナスの陰陽調和として、大いなる生命潮流のなかで進化し続けるのです。

補足ながら、イザナギ・イザナミの末尾のギとミは、君が代のキミです。キは木、ミは実で、おなじように眼は芽、鼻は花、耳は実、口は朽ちを表しています。

——ヒナは一七、ヒトは一十ですね。先日、新潟の佐渡でトキの雛が誕生したことをテレビのニュース番組で知りましたが、この言霊は「時」の霊成型《ひながた》を指しているのですか？

はい。あのニュースは五六七《ミロク》の世、すなわち新世紀（新星期）の到来も象徴しています。

そして、二十二世紀の中頃には、アメリカ合衆国のシカゴにイマニュエル・イエス・キリストが再誕します。時をへて、世界統一政府が樹立されます。このときの言語は現在のエスペラント語を改造した、ラテン語に近い言語がベースになるでしょう。一部には日本語も採用されます。

さらに二十八世紀の中頃、地球産のＵＦＯ（反重力光子宇宙船）が現在のアフリカ西海岸からフライトするようになるでしょう。ＵＦＯが飛ぶようになりますと、宇宙の説明も精密になって、ユニバースが森羅万象、スペースが空間、コスモスが秩序というように、その解釈がより整然とするでしょう。また、同時に、ライト・ボディ（光子体）の仕組みも明らかになるでしょう。

なぜなら、ＵＦＯに乗るクルーの身体も光子体（フォトン体）だからで、銀河系宇宙を航行するときのライト・ボディは、主としてアストラル体が選ばれます。

つまり、五次元の光子体ということです。虹の階段でいえば、黄色に近い橙色の領域です。古神道でいわれる和魂《にぎみたま》です。

ここで、虹の階段について言及しなければなりません。琴座のヴェガに至るワーム・ホール（時空間連絡網）は次元のプリズムです。太陽の白色光がそこを通過しますと、きれいな虹色に「分派」します。ご存知のとおり、虹の七色は波長の長い方（周波数の粗い方）から順番に赤、橙、黄、緑、青、藍、紫です。

実は、この七色は第三から九次元の波動レベル（虹の階段）にピタリと照応しています。この七色をさらに細分化してゆくと、たとえば黄（第五波動レベル）にしても、限りなく橙（第四波動レベル）に近い黄もあれば、限りなく緑（第六波動レベル）に近い黄もあります。

この場合の前者を○以上の整数になぞらえて、第五次元の○段階、後者を第五次元の九段階というようにランキングします。同様に虹の階段は、わたしたちの本質生命体（魂）のアセンション（昇華）にも共振共鳴します。

つまり、仏教で説かれる現象界（地上界）と実在界（天上界＝幽界、霊界、神界、菩薩界、如来界、宇宙界）の七つの波動レベルが、それぞれの虹の階段と同調《シンクロ》するというわけです。

お話はＵＦＯに戻りますが、ワーム・ホールを通過儀礼するとき、殆どのライト・ボディ（光子体）は、第七次元のコーザル体になります。古神道の奇魂《くしみたま》です。

――『コンタクト』という映画の中でコーザル・トリップのシーンがありましたが、あのときの器といいますか、スカウト・シップは波動位相転換器で、ジョディ・フォスターの光子体は第四から七次元まで、スムーズに移行し、琴座のヴェガまでコーザル・トリップしたというわけですか？

はい。コーザル・トリップとは、物質（色）とエネルギー（空）が瞬時にテレポーテーションを繰り返しながら、色即是空、空即是色を演じるという仮想現実です。また、物質とエネルギーとはモナド粒子（虚の質量を有する究極の粒子）の振動によって生ずる光と影のことですから、ヴェガまでの道中、波動位相転換器のなかで、ジョディ・フォスターは物質とエネルギーの相対論的饗宴を味わいました。

それはそれは素晴らしい旅行です。つまり、火柱状に放射するカ(火=五芒星)のエネルギーと、水紋状に拡散するミ(水=六芒星)のエネルギーを同時に体験学習することに等しいわけです。

アトム体(フィジカル体=原子体)からフォトン体(光子体)へのエネルギー変換といいますのは、物質↓半物質↓反物質をたどるプロセスのことで、色即是空、空即是色の体現とでも形容できましょうか。

熱、光、電力、磁力、重力というエネルギー粒子の集中固体化(モナド粒子の回転球体運動)と、物質の拡散気体化(原子の回転球体運動)のことを指しています。

拡散気体化した「意識」は、完全に自己を、無限な『モノとコト』に同調(共振共鳴)させたために、宇宙普遍の「知恵」を表現するために選ばれた道具《ツール》としての機能を有します。そして、「意識」の純然たるUFOのビーム光線が、形の世界に輝き出ることが出来るよう透き通った経路になる『モノとコト』を誘発します。

是即《これ》ち「ビジョン」とは、魂の映像に他なりません。

第六章

転生輪廻とカルマ

――わたしたちが三次元世界（現象界）へ転生する場合、どのようなパターンがあると考えられますか？　また、その目的とは？

ヒトは、人それぞれの「種」をもって生まれて来ます。その種を育む田を精一杯耕すことです。その田は己の心です。肝要なのは心をこめて福田づくりの重みを増すことです。緊張する必要などありません。緊張は、自分を少しでも良く見せようという我欲から発した『モノとコト』です。さあ、あるがまま、なるがままのあなたを、今、情報公開《プレゼンテーション》しましょう。いついつまでもどこまでも、誠しやかに、素直に……。

さて、転生のパターンはとても深遠です。ただし、その割合はおおかた測り知ることが出来ます。

幽界（四次元）から三分の一、霊界（五次元）以上から三分の一、他の天体から三分の一です。神（根本創造主）の御前にあってはすべてが平等ですが、魂の段階は歴然としてあります。

わたしたちが転生する目的は、ひとつには人格、霊格の進化向上とカルマ（業）の修正改善、もうひとつには地球上のユートピア（極楽浄土）の創造建設です。このことを理解しておく必要があるでしょう。

そして、わたしたちは悪徳凡夫でも罪の子でもありません。万生万物は光の存在であり、愛の表現者です。たとえ地獄の住人であろうとも、余すところなく神の子なのです。

その証拠に、他人には虚言を吐けたとしても、自分自身にウソをつくことは出来ないでしょう。また、地獄界から地上界（現象界）に転生することも出来ません。これは宇宙の法則（自然の摂理）ですから、例外はあり得ません。なん人たりとも神の子であるというこの事実をひるがえすことは、けっして出来ないのです。

わたしたちは物質を軽んずるモノではありませんが、悟りのレベルが進むにつれて、物質よりもはるかに霊的なコトを重要視するようになります。足ることを知る生活に大きな満足を得、むしろ質素なライフ・スタイルを選ぶようになります。悟ることを解脱《げだつ》するといいます。

それは真の自由人、なにものにも束縛されることのない、また執着を抱かない、まっさらなヒトになること。そして、文字どおり吾《わ》が心を智《し》って「中道」の実践をたゆまず怠らないことです。意識改革の上に立ち、新しい生活を精一杯楽しんでください。

こうして、思慮深き者は自分自身の心に、静けさとやすらぎを求めることが出来ます。その者は善（陰陽の調和）に対して勇敢です。心（意識の中心）は天上界（実在界）と直結しています。

その者こそ覚者です。彼や彼女はいかなる試練をも、それが己自身を成長させる糧としてエンジョイ（享受）します。

その体験こそが知恵を育むのです。彼や彼女は四次元以降の高次元世界（天上界）への切符を手に入れます。

知恵とは偉大なる真理（神理）です。それは、心の奥に腹の底に「内在」されています。外にある知識を頭だけで解釈しようとしますと、その限界に突き当たって、ついぞ頭が混乱します。

それにはまず、心の三毒を食べないことです。愚痴、怒り、貪りの想念波動とエネルギー同調しないことです。

そうして徐々に「意識」の視座を高めてください。感謝の祈りを深く盤石なものにしてください。洗心瞑想をして、自分の欠点を修正してください。そして、無償の愛を施してください。

あやまちは素直に認めて、善意の第三者の立場で即反省、懺悔してください。同じあやまちをけっして繰り返すことのないように、神様と自分自身に誓ってください。もし、不幸を感じたならば反省してください。不幸は魔に近づきすぎた行為によるものだからです。反省する者にとっては魔は薬であり、毒変じて良薬になります。

神様は全体としての「存在」であって、悪魔は全体の部分または、分割された一面です。神様は宇宙的な存在でありますが、悪魔は個人的な「存在」です。

悪を乗り切ってください。
それには勇気が肝要です。愛と慈悲の精神力を努めて楽しみながら培《つちか》わねばなりません。もしも、難題に突き当たったときは魂の兄弟たちと協力しあって、適切なサポートを仰いでください。
そのとき、天上世界の守護天使も指導天使も、あなた方の助けになります。黄金色のやさしい光に包まれて、あなた方は神の子を顕現していくことでしょう。そう、愛の表現者として……。

——愛の表現者になることは、わたしたちの大いなる人生目標です。今の言葉を肝に銘じて、日々の生活を営んでいこうと思います。ありがとうございます。

ありがとうございます、という音霊《おとだま》は、有機生命体のエントロピーを減少（抗酸化力、自然治癒力、自己免疫力、酸化還元電位を向上）させて、物質の振動数（固有の周波数）を精妙化する「縦」のバイブレーションを発信します。

ところで、五六七の数霊《かずたま》がミロクを表現していることは、前に述べました。横（イザナミ＝波）の系列の三六九に対し五六七（イザナギ＝凪）は縦の系列のミロクです。

また、六六六が「静止」を意味するのに対し、五六七はダイナミックな運動を意味しています。三六九、五六七、六六六をそれぞれ足し算すると、ともに十八で、1＋8＝9です。そして、数霊の九は奇魂《くしみたま》を顕《あらわ》しています。六六六の最初の六のうち、一粒のモナド粒子（究極の宇宙素子）がそのままスライドし、最後の六に融和することによって、五六七のスパイラル運動がフッと現象化しました。初めに光あれ！　です。この場合のモナド粒子は超原子のスピンと考える（カムカエル＝帰神）ことが出来るでしょう。

――音霊と言霊と数霊は三位一体なのですね？

はい、そのとおりです。広大無辺の宇宙は、三体制システムから成り立っています。「過去」「現在」「未来」、「岩圏」「水圏」「気圏」、「陽子」「電子」「中性子」、「火」「風」「水（ひふみ）」、「父」「子」「聖霊」、「十」「二」「○」、「アメノミナカヌシノカミ」「タカミムスビノカミ」「カミムスビノカミ」、「太陽」「月」「地球」、「霊体」「幽体」「肉体」等、三体制システムの具体例は実に多岐にわたります。

しかし、その根拠は案外シンプルな数式に見て取ることが出来ます。

1割る3は、0・333……です。これに3を掛けると、0・999……になります。ところが、1÷3（1/3）＝0・333……。これに3を掛けると、1/3×3＝1となり、0・999……ではなく、すぱっと割切れて1が正解となります。

このことは、前にも述べたミステリー・サークルに最近よく見かけられる正七角形が、円周の三百六十度を割り切れない、唯一の素数であるということと呼応しています。

また、虹の七色の境目（金輪際）をどんなに探してみたところで、微分してみたところで、その境界線を見極めることは不可能です。それは『モノとコト』ともアナロジカルに類比されます。

自然界は、むしろ割り切れない混沌《カオス》の集合体であるという方がセオリーに近いでしょう。複数集合体の倍数になって初めて割り切れる、というふうに自然数（正の整数）を捉える方が、文字どおり自然です。

このように、三体制システムとは富士が「不二」であるように、その構成要素を切り離すことができない三位一体の関係にあって、その象徴となるのが八幡神社に見られる「三つ巴」です。

――ということは、三体制システムは太陽系第三惑星地球をはじめ諸天体の運行にも大きく係わっていそうですね？

それは、一定のリズムをゆらぎながらとても静かな時を刻んでゆきます。たとえば、寄せては返す波の一分間の回数は十八回。平均体温はその二倍の三十六度。一分間に打つ心臓の鼓動はその二倍の七十二回。最高血圧はその二倍の百四十四。胎児が子宮に宿る期間はその二倍の二百八十八日といった具合に、終始乱れることなく、きちんと運行しています。

また、女性の排卵の周期は、太陽、地球、月の三体制システムに基づいて月の周期と同じ約二十八日に一回、排卵日がサイクルしてきます。女性のメンスは月の物とか月経とかいわれ、月齢や潮の干潮と関係が深いのです。

――そういえば、おじいちゃんが息を引き取ったとき、まさに干潮のクライマックスでした。長男がオギャーと生まれたとき、満潮の真っ最中でした。母がかつて言うことには、メンスの始まりは新月か満月のときに多いと聞いています。そう考えると摩訶不思議ですね。

第七章

性、その聖なるモノ

――わたしは今、ワープロに向かって原稿を書いています。ただし不思議なのはそれがほとんど自動書記のように、まるでピアノのキーを叩くときのように整然と打ち込まれているのです。

このような体験は初めてです。どうしてこうなるのか、わたしには皆目見当もつきません。

まったくもって不快感はなく、むしろハートのチャクラが暖かく柔らかく瞬いています。安心立命しているのです。子どものときに藁《わら》の山に身体をうずめて、太陽のぬくもりをポウッと体感しているあの感覚にとてもよく似ています。

両手の指先が黄金色のオーラに包まれて、次から次へと言葉がほとばしります。まったく躊躇《ちゅうちょ》することなく。

このようなリズムでワープロを打っていていいですか？

なにも心配する必要はありません。あなたが思うままに原稿を書いてください。わたしはあなた方が住む三次元とは異なった第九波動レベルから通信を送っています。

ここにはあなたと同じような光の存在が、さまざまな星々との連携を保ちながら光の通信を授受して、もちろん地球外の生命体も含めてですが、実に沢山います。

ですから、なんにも特別なことではないのです。あなたが常日頃から宇宙的な存在に対して疑問をもち、探求をし、そうしてまた真理（神理）の生活を実践しようとしている、そのひたむきな努力の度合いに応じて、このように通信をうけるというチャンスに遭遇しているということですから。そこには「立つ日の心」是則ち意が存在します。

――地球の周波数が、今大きく変換しようとしていますが、それはどの程度までシフト・アップするのですか？　そして、宇宙友愛の法則とはなんですか？

現在、地球の本質（魂）の周波数は第四波動レベルの二から三段階ですが、これから約一、二年のあいだに第五波動レベルの〇から一段階までアセンションョン（次元上昇）します。

かといって、三次元の地球が消滅するというわけではけっしてありません。現在の地球の周波数が、このたび昇華《アセンション》するということは、あなた方地球人の魂の波動レベルがテラ地球のそれとエネルギー同調して、まったく新しい局面を迎えるという意味です。

そのとき、これまで封印されてきたさまざまな事象が明らかになるでしょう。たとえばそのひとつとして、エジプトのピラミッドの秘密がそのヴェールを脱ぐことになります。ピラミッドの造形技術は、現在の地球人の英知をもってしても、とうていかなわぬほど精巧です。

それは、約一万二千年前のアトランティス帝国時代の建築方法を模範として出来ており、反重力エネルギーを駆使して建造されたものです。ピラミッドはファラオ（大王）の墓ではなく、人間が転生輪廻してきたときに、エジプト文明の財宝（光の情報）を未来永劫使えるようにとの思いから造られたのです。

現在、基礎部分のみを残して存在するいくつかのピラミッドの地下空間に、円筒形のカプセルに入れられた古代エジプト文明の所産が、そう遠くない将来発見されるでしょう。今、あなたがワープロを打っている諸内容は、そのときになって「ああそうか！　なるほどね」ということになるのです。

また、宇宙友愛の法則とは、無条件の愛、調和、統一性、万物の一体性のことです。神（ゴッド・ファーザー）は、あらゆる『モノとコト』の中にあり、あらゆる『モノとコト』は神の中にあります。それが生命のすべての存在の愛と調和と創造の、すなわち神の法則なのです。

――「第七の波」がテラ地球に洪水の如く押し寄せつつありますが、これは一万二千年周期の最終段階と解釈してもよいのですか？

結構です。地球上の最終ユートピア建設に向けてのオープニングを迎えたところです。それには試練が伴います。

たとえば、小さい鉢に入れられた金魚は、鉢が狭いからといって外に飛び出したら死んでしまいます。焦らずに餌をしっかり食べて、体が大きく成長しさえすれば、いつの日か広い池に移してもらえるのです。

これと同様、今の自分の環境、教育、思想、習慣がイヤだからといって急《せ》いてはなりません。その中でゆったりとした精神や肉体をサイボーグするのです。つまり、心を丸く豊かに逞《たくま》しくすることです。今までより大きい御心を造ることです。そこに運命が拓《ひら》かれる余地があります。

このように、ユートピア建設という第一義的定理をわたしたちは見失ってはなりません。心身をしっかりゆったり練り上げてゆく「勇気」と「辛抱」が肝要です。そこに「運命」が変わるヒントが隠されているのです。

——わかりました。それはそうと、さっきから気になっていることなのですが、ブラック・バリアについて説明してください。

今、地球上の大気圏内にブラック・バリアが張り巡らされています。それは一万二千年前というよりも、その遥か以前の三億六千数百年前から徐々に暗雲がたちこめているのです。

地球上に到達したベーター星人の第一艇団の約六千人のメンバーは、第七波動レベルの「意識」の持ち主たちだったのです。その当時は、ブラック・バリアは存在していませんでした。しかし幾世代かの年月を重ね、第二艇団が飛来する頃になると一部立法を犯す人たちが現れてきたのです。

そのとき、光の大指導霊であるミカエルの命により、その人たちをエデンの園から（あえて言わせていただきますが）追放することで「自分たちの思いと行いをよく反省していらっしゃい」と言って、エデンの園から遠く離れた土地に彼らを住まわせました。そのときの指揮官がルシフェルだったのです。

しかし彼は、いつの日か自分の地位と名誉の虜《とりこ》になって、ついに天上の世界に還《かえ》ることなく地獄の世界に堕ちていったのでした。地球上にブラック・バリアが形成されたのはちょうどこの頃からです。

そうして、転生輪廻のプロセスを体験する魂の中には、このブラック・バリアを突破できずに地獄に安住することを選択する輩《やから》が続出しはじめたのです。ついには、人間の心の三毒を食料（エネルギー源）として、地獄の世界はこのような輩の不調和な波動エネルギーによって満たされています。

戦争、地震、旱魃《かんばつ》、大事故、飢餓など、この世界の忌《いまわ》しい『モノとコト』はあなた方が魔を好みすぎたために起こるのです。あなた方の心が真理（神理）から離れ、魔がその心の中に充満したとき、忌しい『モノとコト』は起こります。

彼らは、人間に「恐怖心」を芽生えさせようとして、忌しい波動レベルと同調する極度のネガティブ勢力の宇宙人たち（ブラック・リーグ）とも連携し、ブラック・バリアの層をより一層厚く堅固なものにしようともくろんでいます。「種を蒔く神々」の中には、こういった一連の流れを打破しようと努めるグループがあるということは明らかな事実です。たとえば銀河系宇宙ファミリーのヒューマノイド型宇宙人たちがそうです。しかし、それは過度なサポートになることではなく、あなた方に選択のレンジ（幅）を与えているのです。といいますのは、彼らや彼女らは、あなた方の「未来」の『モノとコト』だからです。

そして、おもにシリウス（犬星）とカシオペヤ座のメシエから発信される愛（陰陽調和）の複合的エネルギーは、ブラック・バリアを通過してあなた方のアナハタ・チャクラに日夜降り注がれています。今、必要なのは、その複合的エネルギーにチャンネルを合わせる技術です。

その技術は難行苦行の賜物ではありません。常に相手の立場にたって、第三者のニュートラルな善意に裏付けられた、柔らかい意志を育むことです。単に見返りを期待するのではなく、無条件の愛を布施することです。日々の生活の中で赤ちゃんにおっぱいを授けるような母性愛を「意志」することが肝要です。

相手を裁くのではなく、相手のためになにをさせていただけるだろうか？と、ちょびっと首をひねるだけでいいのです。押しつけがましい見せかけだけのバイブレーションはいりません。宇宙の真意にかなった創造生活を営んでください。近未来の子どもたちに愛と勇気と慈悲という大いなる遺産を残してください。人生のゴールは、今ここにあるのです。

「種を蒔く神々」は、地球人自らが、あいうえお＝愛を植えようの四十八音を奏でる真の創造の仕組みを理解するために、ブラック・バリアを超越してほしいと暗に示唆しています。四十八音《ヨハネ》の方向性を探索する「意識」こそ、愛の想念波動にチャネル（共振共鳴）する、シンプルな技術と方策を産み出すのです。

――シンプルな技術を駆使して楽しい毎日を送りたいものです。むずかしい哲学はもういりません。論理的思考回路は副次的に生ずるもので、おつむのマッサージにはならないと思います。

直感を大事にして五官六根をクリアしたいです。光の導管になって、愛を体現したいです。そのとき恐らくわたしたちのチャクラは、七つの枠組を超えることになるのでは？　なんとなくそんな予感がします。

ただし、愛を体現する場合、セックス性をどう捉えたらよいのでしょうか？

それは、たいせつな問題です。

わたしたちの「意識」は「大いなる霊《ひ》の元《もと》」と直結しています。そして、意識の中心は心です。心の想念は、本能、感情、知性、理性から成り立っています。

「本能」は種族の繁栄のために、また子孫の維持のために、根本創造主（神）から与えられたものです。しかし、そのことを忘れたセックス性は淫らな情欲を生みだします。それは、本能の領域を度外視してドロドロの執着をつくるだけに止まらず、性病が世の中を席巻して第二第三のエイズに犯され、種族の滅亡につながりかねません。

実際に空気感染する猛威をふるって、次なるエイズ・ウィルスが出番待ちをしています。とはいえ恐れるには足りません。真の愛情表現としてのセックス・ライフは、これらのウィルスの出現を未然に阻止するだけの相当パワフルな波動を四方八方に発揮するからです。これは一種の「放射拡散原理」です。

しかも、β―エンドルフィン（脳内麻薬物質）の内分泌に伴う人体から発信されるバイブレーションは、空気中の陽子、電子、中性子の歪みを細かに是正する働きを有しています。

オウム、アーメン、阿弥陀というマントラ（真言）も、時空間の不調和な歪みを「修理固成」するエネルギーを宙に発信します。その際、勘《かん》、骨《こつ》、肝《はら》が必要、必然、ベストの条件です。それが産霊《むすび》の力なのですから。

そして、本来のセックス性とは実に聖なる『モノとコト』です。パートナーを誤らないで、性生活をどうぞエンジョイ（享受）してください。キー・ワードは「小欲から大欲へ」です。

要は、相手が喜ぶことをさせてもらう、それと同時に自分も愛に歓喜する、というのがセックス性の基本的な命題です。単なる自己満足に始終してはいけません。大切なのは「利他愛」です。

ヒトは、欲がなくては生ける屍です。それだけに六根清浄がこの大欲を映す鏡なのです。生きながらにして生まれ変わる、この一点がセックス性の必要十分条件です。

そして、セックスをしたからといって結婚しなければならないということはありません。それはもっと本質的な問題です。性のエネルギーは、感情、知性、理性のペタレ領域とも即リンクしています。よって、心とホルモンの状態を整える意味でも性生活は実に重要なファクターです。

セックス性を否定的なものととらえて、頭ごなしに拒否するヒトもいるようですが、そのほうがよっぽど不自然です。それとも、あなたは脇の下から産まれたのでしょうか？

愛と調和と創造のセックス・ライフは、聖なる体験であって、超爆発的なエネルギーを宇宙空間に大量に創出する無尽蔵の可能性をはらんでいます。その影響力は大で、他の天体の住人にまで及ぶのです。

特に、レチクル座のゼータ星人にとって、あなた方地球人の「性質」はまさに驚異そのものです。彼らは性生活を営みません。女性器も男性器も持ち合わせていません。必要がなくなり、すでに退化しているのです。

ゼータ・レチクル星人は、地球人の遺伝子を奪取しようと日夜懸命になっています。とはいっても、宇宙連合ＳＥの立法からして過度な介入、干渉は出来ないことになっています。

彼らの子孫の繁殖方法は、そのほとんどをクローン技術に頼っています。その中には、遺伝子操作が無事に成功することもあれば、うまくいかずに再挑戦するなど、ピンからキリまであります。

ですから、地球人のセックス・ライフは彼らにとって未知なる「性質」なのです。ゼータ・レチクル星人の性への関心についてはさらに後で述べましょう。

ところで、地球人の性生活は？　今や破滅的な様相を呈しています。現に人工中絶の数は年々増加の一途をたどっていて、性の領域は一歩間違えると殺人に値しかねないまでに堕落しています。まさに末法の世と化しています。刹那的な快感に酔っていては、なにも創造できないのです。

端的にいえば、このような結果を導くセックスは宇宙の真理に反しているということです。

では、どうやってセックスするのかということになりますが、それは、女性がメンスのとき性交渉するというのがひとつの方法です。

生理血と精液、すなわち紅白が入り混じった体液はちょうど赤血球、白血球、血小板などの有形成分と同様に、非常にエネルギー価の高い媒体なのです。

驚く方もいらっしゃると思いますが、この液体を二百倍くらいに薄めて植物に与えてごらんなさい。みるみる元気に成長します。生理血だけを薄めて与えても素晴らしい生育をとげます。実際に観葉植物などで実験してみるとよく解るでしょう。

——ペット・ボトルに薄めて使えばいいのですね？

はい、そうです。このような技術はすでにプレアデス星団では農業分野で、実用、応用化されていて「スマップル法」と呼ばれています。

さて、中絶した場合ですが、水子が祟《たた》るということはけっしてありません。魂が母体に宿るのは妊娠三カ月くらいのときです。その後で堕胎した場合でも、その子の魂は天上界（実在界）に帰って「魂の兄弟《ソウルメイト》」たちによって、しっかり成人するまで育てられます。そして、次回の転生を待つことになります。

しかし、祟ることがない、罰が当たらないからとはいえ、クリーンでない家族計画はいけません。父、母、子の関係は誕生の約七十年前に天上界で三者会談して約束した上でのことですから、その計画にそった正確なセックス・ライフを営むことが肝要です。

このように、セックス性はとても深遠な領域ですので、宇宙の法則（自然の摂理）に調和しているか否かを見極めるということが基本的な命題です。

第八章

時空間トンネルの行方

——きょうもまた、自動書記していますのでこのままキーを叩いてみたいと思いますが、よろしくお願いします。もしも、途上で訂正すべき点がございましたら、どうぞ中断させてください。それでは書いてみます。

プレアデス星団は第五波動レベルの星、シリウスは第六波動レベルの星、オリオンは第七波動レベルの星です。

プレアデス（スバル座）は主として「感情」の領域、シリウスは「知性」の領域、オリオンは「理性」の領域と、それぞれ同調しています。よって、わたしたちの「想念」は、これらの星々の特性をミックスした形で表現されます。

五六七がミロクの世の到来を示唆しているように、わたしたちの未来はわたしたちの手によって創造してゆかなければなりません。それが、ブラック・バリアを破り、真のユートピア建設に向けてのポジティブな方法になるからです。

実をいいますと、地球に三億六千数百年前ベーター星から飛来した最初のUFO群は、この銀河系宇宙の中でも地球を一番に選び、その後他の星々に「分派延長」したのです。

第四章でこのことについて、地球の前が金星で、その前がプレアデスで、その前がシリウスで、その前がオリオン座のベテルギウスで、その前がカシオペヤ座のメシエで、その前が琴座のヴェガで……、ということを言いました。これを、より詳細に述べますと、ベーター星からまずテラ地球へ天孫降臨したという意味内容で、その未来形としてプレアデス星団（金星はプレアデス星団と波動エネルギーが同調しています）が、そのまた未来形としてシリウスが……という段を踏むのです。

この通信は第九波動レベルの琴座のヴェガからなされています。ガイア＝地球生命体の名称は、銀河系宇宙ファミリーにあってM37と呼ばれています。頭文字のMは救世主《メシア》という意味です。したがって……。

そうです。そのまま続けてください。

――したがって、プレアデス星団のメロぺから地球に度々訪れているセムヤーゼは、未来型の地球人ということになります。彼女の任務は地球人のDNAを活性化するために、二束の螺旋階段に愛と調和の波動エネルギーを放射することでした。また魂の兄弟《ソウルメイト》が存在するということに地球人自らが目覚めるように促すということです。

魂の兄弟は六人でワン・セットですから、本来DNAの螺旋は十二束あるということになります。光のコード（暗号および符号）は、十二の螺旋階段を、時速およそ三十万キロメートルで駆け昇るエーテル体の想念フィルムにすべて記憶されています。

想念フィルムに抵抗があると、潜在意識と顕在意識とが同通しません。それは抵抗値に比して電圧が低いと電流が流れないのと同じで、意志のフォース（力）が曖昧模糊《あいまいもこ》として要領を得ないと、想念フィルムに風穴をあけることが出来ないのです。

また、それには「想像力」が必要です。想像力とは『モノとコト』の造形原理であって「意識」が現れ出る経路です。想像力は神から授かった一種の能力には違いありませんが、そのヒトの意識次第で建設的な経路にも破壊的な経路にも用いられます。

想像力の風穴をあける力は、知恵と勇気と努力です。わたしたち人類はいつの日か死ぬ運命にありますので、生きているあいだに死にもの狂いで人生を走り通すことです。当然ながら、歩いたり止まったり、ときには後退したりすることもきっと良い体験学習でしょう。そうして、このうえない人生を謳歌することです。

しかし、風穴をあける（霊道を開く）ことが人生の主目的ではありません。それは、二次的に派生するものです。想念フィルムを無理矢理こじ開けますと、そこからばい菌が侵入する恐れがあります。その様は、まるでカサブタを剥がすような『モノとコト』ですから……。あくまでも、内側から花開くことが肝要で、ばい菌とは暗くて不調和なエネルギー体です。場合によっては地獄の住人たちです。ですから、目的を誤ってはなりません。

魂は不生不滅、永遠の存在ですが、今回の世は一度限りですので悔いのない人生をおくることが肝要でしょう。明日死んでも「ああ失敗した」などと嘆くことのないよう、精一杯永遠の今を生きることです。目的意識をもって……。それが、一瞬一秒一日一生です。

――潜在意識と顕在意識との比率はいかほどですか？

顕在意識（表面意識）が十パーセント、潜在意識が九十パーセントです。しかし心の窓（霊道）が開かれますと、その比率は変わってきます。

心の窓を開くには日々の行《ぎょう》（思いと行い）に勤《いそ》しむことです。反省禅定《ぜんじょう》、洗心瞑想をすることです。それとは逆に滝を浴びたり無理なブリージングを行ったり、難行苦行することばかりが行ではありません。心の導師お釈迦様（ゴーダマ・ブッダ・カンターレ）が、六年間の肉体的な難行を経ても悟れなかったことは有名な話です。かたよることのない「中道」を心のものさし《スケール》として日々の行に勤めることがほんとうの勤行です。心（意識の中心）のギヤをいつでも何処でもニュートラルに出来るよう微調整してください。そして、太陽の息吹をいっぱい吸って明日の糧にしてください。何千回何万回と題目をあげることが真理（神理）ではけっしてありません。

南無阿弥陀仏という念仏は、日本語にしますと「阿弥陀様に帰依《きえ》します」という意味です。これを幾ら唱えたところで、「馬の耳に念仏」ならぬ、「仏の耳に念仏」です。そうしたら、阿弥陀様はなんというでしょう？「帰依するなら、やってくれよ」となります。南無妙法蓮華経とて然りです。

「諸々の比丘《びく》、比丘尼《びくに》たちよ。あの蓮の花をごらんなさい。ときにサロモン、サマナーたちよ。そなたたちの体から出る汗、大便、小便、目糞、耳糞、鼻糞はあの蓮の花の泥沼よりも汚かろうよ。しかし、そなたたちが宇宙の法則（天地の理）に準じて毎日の生活を送ったならば、あの蓮の花と同じように美しい栄冠を掴《つか》むことができるのだ」というのが法華経の真意で、解りやすくお釈迦様が説いた『モノとコト』なのです。

また、大自然は大まかに見えようともひとつの法で運行していて、五十六億七千万年変わることがない教え（宇宙の真理）を基礎として、これを大自然の「四徳」といいます。元、亨、利、貞の働きです。この四徳が「季節」に顕《あらわ》れたのが、春夏秋冬の四季です。さらに「方角」に顕れたのが、東西南北の四方です。

ヒトは、生まれながらにして皆等しく大自然の四徳を授かっています。元の徳がヒトの性《さが》となるとき、それは「人徳」となります。亨の徳が「礼徳」で、利の徳が「義徳」で、貞の徳が「智徳」です。

しかしながら、あなた方は既成の宗教に捕らわれないでください。旧来の陋《ろう》習《しゅう》を打ち破って、知恵と勇気と努力を振り絞ってください。この四徳を糧として日々の「心行」を行ってください。そうすれば必ずや道は開かれます。

そして、わたしたちの血、肉、骨は、地上界（現象界）の動物、植物、鉱物の恩恵に浴するところが多大であり、それは文字どおり無償の心＝お布施です。

それに対して、万物の霊長はかたよりのない精神修養と感謝の生活をおくることが大事です。それが、彼らへの最大の供養であり、真の報恩行為と申せましょう。

なぜなら、彼らの神性、仏性は、わたしたちの潜在意識と深く同通しているからです。そのことに、あなた方は焦らずに急いでお目覚めなさい。

神性、仏性は、わたしたち一人ひとりの心の中に「大いなる霊《ひ》の元《もと》」と連結し、今、存在しています。ですから、真理（神理）はわたしたちの日々の生活と密着不可分の関係で、「心行」が光明に満たされている分、そのボルテージがその人の「意識の調和度」といえましょう。

心と行いの調和こそが、わたしたちの未来をあまねく照らしてやまない時空間トンネル（異次元プリズム）の道標です。それは愛一元の波動世界です。そう、この意味で心行は、神業なのです。

　とほかみえひためあいふへもをすし。

第九章

宇宙連合ＳＥについて

——日本時間の一九九七年一月二十四日、午前二時三十五分頃、テラ地球の外側をまわる六つの諸惑星、すなわち火星、木星、土星、天王星、海王星、冥王星は、完璧な六芒星《ヘキサグラム》を形作りました。と同時に地球は、六芒星の中心（不退転のポジション）にピタリと位置しました。この六六六年に一度の天体ショウと照応するように、ヘール・ボップ彗星が地球に最接近したことは記憶に新しいですね？

これらの一連の現象は、ある意味で地球の座標が魚座の時代から水瓶座の時代へ、そして、あなた方地球人の「意識」の波動レベルが、文字どおりアクエリアスの時代へと、徐々にシフト・アップしつつあることを如実に物語っています。

地球人が体験する今回のアセンションが、スパイラル状に生成化育発展する「第七の波」と呼ばれていることは前に述べました。

これらは、三次元の時空間（この世）の地球人が、今だかつて体験したことがない程の、いわば大波動位相転換期のプログラム中に生きていることを現しています。実のところこのプログラムはあなた方が属する太陽系霊団という劇場、あるいは学校にとっては五十六億七千万年ぶりという極めて大々的なイベントなのです。

その昔、火星と木星の間にはマルスという太陽系第5番惑星が、まったくケプラーの法則どおりに美しくも麗しい楕円軌道を描きながら自転、公転していました。ところが、マルス星人は、自らの精神力と科学力のアンバランスが原因で、惑星まるごと核爆発を起こしました。このときの爆発による惑星マルスの残骸は現在、アステロイド小惑星群として知られています。

そして、マルス文明が崩壊する日、このアクシデントを予期していた極一部の人たちは、宇宙船に搭乗し、間一髪のところで脱出に成功しました。当時のマルス星人は、宇宙連合ＳＥに加盟しておりましたので、その受け入れ先としてオリオン座のα星（ベテルギウス）、プレアデス星団のメロペ、おおいぬ座のシリウス（犬星）、カシオペヤ座のメシエなどが選ばれました。

あるいは、フォトン体（光子体）のまま火星の上で暮らしたり、ＵＦＯで銀河系宇宙の大海原を、まるでジプシーかボヘミアンのように漂ったり、さまざまなライフ・スタイルを各自の自由意志で採択しました。

ところで、彗星（ほうき星）は太陽からずっと離れた場所で、氷などの粒子が固まって雪だるま式に成長しながら形成されるのですが、ヘール・ボップ彗星の場合もこれと同じプロセスを経て超巨大彗星になりました。

過日の場合、彗星を隠れ蓑にカモフラージュして、アストラル体（五次元の光子体）から成る直径約十二キロメートルの宇宙連合母船フェニックス・ロードが水平行移動しましたが、その目的のひとつは、母船が地球と太陽系規模のランデブーを果たすことでした。

ふたつめは、近未来の地球人が体験する昇華《アセンション》に向けて、地球人の「意識」に直接アクセスすることです。すなわちフォトン体（ライト・ボディ）が発信する周波数帯の変換および、フィジカル体（原子体）の分子構造とDNA情報の書き換え、そのための具体的なサポートをすることです。

しかし、これらの光の情報をキャッチするか否かは、各自の自由意志に委ねられています。コード（符号および暗号）の書き換えは、自主的な発想（想念の発信）なくしてはとうてい叶えられません。

この意味において、宇宙連合SEや「種を蒔く神々」は、過度なサポートをあなた方地球人に強いるような人為的操作を行うことはけっしてありません。

といいますのは、わたしたち神の子、星の子、光の子はすでに「未来の情報」を有しているからです。プレアデス星人をはじめとする銀河系宇宙ファミリーは、地球から数億光年離れたベーター星人の末裔《まつえい》であり、あなた方地球人の未来形として存在しています。ひとりとして例外はなく、地球を訪れる「種を蒔く神々」は、このことを鋭く熟知しています。

と同時に、わたしたちの「意識」、その中心である心（魂の核）は過去に関する情報について余すところなく記憶しています。たとえば惑星マルスの一夜にしての崩壊事件や、プレアデス星団のアルシオーネ（陽）の兄妹星であるマルシエール（陰）が、まだ銀河系規模での陰陽の調和が未成熟な時期に、ネガ勢力の筆頭であるオリオンの艦隊によって、木っ端みじんに破壊されたこと。そして、地球上で永年にわたって栄華を極めたレムリア文明、ムー文明、アトランティス文明の海中没落現象などについてです。そう、アカシック・レコードにです。

——そして、わたしたち一人ひとりの魂は、進化の予感をひしひしと感じはじめているというわけですね？　誠という漢字は、言篇に成ると書きます。言霊（ことだま）に託された表現は、いつの日か現象化するということです。反対に、核戦争の妄想念そのものをイメージ・ワークによって消滅させることも出来ます。

ポジティブな「意志」の上にも三年ですね。

ヒトは皆、生まれながらにして神仏より仁、義、礼、智、信の五つの徳を等しく授かっています。これこそ「天命」ですね。

この五つの徳を磨いて心を修め、人格、霊格を向上させ、家庭や職場をとおして世の中に役立つ『モノとコト』を実践する、これが天命を全うするというのです。

しかし、この自立心、使命感は、たとえば、過去におけるいくつかの戦争体験に対する考え方と真っ向から対立するものであるかもしれません。残酷無比なバトルという舞台の裏には、その時々につくりだされた、さまざまな環境、教育、思想、習慣の厚壁《ハードル》がゴロゴロと転がっていますから。

これからは、真実のコミュニケーション・ソフトの開発が待たれてやみません。あと幾千年の歳月をなどと言明することに終始するのではなく、即刻実行の毎日の習慣をわたしたち大衆レベルから声を大にして、シュプレヒコールしていく必要があるでしょう。

それには　知恵と勇気と努力が肝要ですね？

そうです。宇宙戦争が勃発したことによる、その悲哀の歴史は地球にも大きな影をおとしています。三十年戦争、百年戦争、バラ戦争、ナポレオンの覇権戦争、第一次、第二次世界大戦、湾岸戦争など。しかし、そんな歴史にもついに幕をおろすときが来たのです。

なぜならば、神を念ずれば花開くからです。この真理の宝を求めて、この世界を豊かにしましょう。

それは、陰と陽の根源的な調和（絶対愛）によってです。

愛は真です。善です。美です。生きとし生けるモノ、有りとし有らゆるコトを生かしてあらしめてやまない、大宇宙の根源力です。それは、ユダヤと反ユダヤの調和でもあります。

愛は、宇宙エネルギー（モナド粒子）の共振共鳴作用です。無限の「素粒波」です。わたしたちの肉体は、愛の電磁波コイルです。

宇宙のすべての存在（御神体）に満ち溢れる無尽蔵の愛、それは光のシャワーです。そして、すべての存在、万生万物、森羅万象は、この上ない豊かな慈雨に感謝の祈りを捧げながら、愛の賛美歌を奏でるのです。心の汗をかいて、真珠の涙を流して、甘露の法雨を降らせて……。

——そうですとも。わたしは愛のヒトになります。

第十章

いざ、光の海へ

――わたしたちの魂は、いったい何処から来て何処へ往こうとしているのでしょうか？　また、光と闇について説明してください。

ここに客貨混合列車を仮定してみましょう。客車にはヒト、貨車には牛がドナドナドナドナドナと乗っています。ヒトも牛も列車が軌道に乗れば、同じように同じ所に着きます。ところが、目的地を知っているのはヒトばかり。牛は、自分たちが何のために何処へ往こうとしているのかさえ知る由もありません。屠殺《とさつ》場に送られるのだとしても牛には解りません。ヒトは牛とは誠に哀れなものよ、などとセンチメンタルな発言をするかもしれませんが……。

しかし、これは他人事ではありません。わたしたち人間型生命体は生まれながらにして「死ぬ」という列車に乗っているのです。

それなのに「死ぬ」という行き先をとんと忘れているのです。牛を笑っているわけにはいきません。

あなたは何処で降り、何処へ往こうとしているのか？　それが解るか否か。解らなければ牛と一緒です。何処へ往こうとしているのか？　それが解ったら安心していられるのではないでしょうか。どうですか？


――解るか解らないか解りません。


ところで、唐突ながら闇（止み＝病み）は陰陽の不調和です。光は陰陽の調和です。

前者は悪で、後者は善です。不調和があるのは調和があるからです。これは一種の性善説です。同じように闇があるのは光があるからです。

闇夜のカラスを見つけ出すのは、容易ではありません。けれど、一条の力強い光は、底無しの闇をも明るく照らします。

言い換えれば、光が屈折しますと、そこに闇が生ずるのです。この命題は、ある『モノとコト』に、三百六十度すべての角度から光線を当てると、いかなる闇をも生じ得ないということの裏返しです。

もうひとつ留意すべきは、陽が善で陰が悪ではないということです。あくまで、悪は陰陽の不調和です。ですから、神様《ゴッド》が陽で悪魔《サタン》が陰というわけではありません。

神様は陰でも陽でもあり、同時に陰でも陽でもないのです。そこには、一糸乱れぬ宇宙の真理（神理）が貫かれていて、なんの自己矛盾《パラドックス》も存在しません。天上界は真理に満ち、善意に満ち、美しい境涯なのです。反対に、悪魔は陰でも陽でもある容姿を見せびらかすことは出来ても、陰でも陽でもないという状態を長くキープすることは出来ません。悪魔はそれだけの用意周到さに欠けています。

まるでキマイラ像のように乳房をもちながら陰茎をもつことは出来ても、両者を同時に放棄するという勇猛果敢さを併せ持っていないのです。それは乳房に、あるいは陰茎に大きな執着を抱いているからです。

ですから、正ピラミッドの頂点に神様が、逆ピラミッドの頂点に悪魔が君臨しているというわけではありません。むしろその構図は、六芒星のように混合ミックスしています。

なぜならば、悪魔は元来神の子、星の子、光の子であって、元も子もないということはないからです。宇宙のすべての存在は「大いなる霊《ひ》の元《もと》」から「分派延長」しています。陰と陽の調和は単なる二律背反（二項対立）という図式だけで描き切れるものではないということです。

——よくわかりました。神の光は、すべての存在をあまねく照らすのですね。太陽（アガ・ラマ）が分け隔てなく、万生万物に慈愛の光を降り注ぐのと同じように。そこには上下意識も差別意識も無く、すべての『モノとコト』を生かして活かしてやまない根源力があるということですね？

はい、そうです。

ところで、銀河系宇宙の中心にそびえる霊太陽《セントラル・サン》は、マスター・コンピュータのような機能を果たしています。わたしたちはその端末機器によく似た存在です。実根なき植物が当然ながら枯れ果てるように、霊太陽は無くては無らない宇宙の根源的「実相」です。

わたしたちとセントラル・サンとは白銀色の霊子線《コード》でつながっています。そのコードは「大いなる霊の元」から根を発（実相から出発）して、ブラック・バリアをもスルスルと通過し、わたしたちの魂と直結しています。その素材はモナド粒子（超原子から成る宇宙エネルギー）です。

モナド粒子はクォークよりもさらに小さく、と言いますかプランク・スケール以下の虚の質量を有する、非物質のエネルギー粒子です。したがって、どんなに大仕掛けの粒子加速器を用いようとも、その存在を肉眼で確認することは出来ません。

ヒトはこの世（現象界＝地上界）で死に、あの世（実在界）で生まれますと、フィジカル体（原子体）とフォトン体（光子体）をジョイントするモナド線（原子体と光子体をつなぐ伸縮自在の霊子線）がプツンと切れます。

この臍《へそ》の緒のようなモナド線の切り口が滑らかな場合、その魂はたいてい天上界に昇り、死体も硬直したりしません。しかし切れ口がささくれだったり、ゴワゴワしていたりする場合、その魂は地下世界へ潜ったり、フワフワと地上の世界で浮遊しながらこの世に未練を抱いたり、地上界に執着をもっていたりします。

その場合は当の迷える魂に、「あなたはこの世に執着を抱いてはなりません。あなたの肉体はすでに老朽化して滅んでいるのです。その肉体に未練をもたないで天上の世界へお帰りなさい。あなたは生前の行いをよく思い出し、心から反省（懺悔）して、光の国へ発ちなさい。あなたの住民票は天上界にあるのです」と説明してあげてください。

このモナド線はわたしたちが異次元の世界へトリップする場合、まるで光のドームのように感じられます。意識の調和度（オーラの光量）に比例して、太くなったり細くなったりします。

いずれにせよ、モナド線（霊子線）が切れたとき、フィジカル体（原子体）はいつの日か土に還ったり、宙に舞ったり、はたまた水に溶けたりするのです。

――自然に帰するわけですね？

はい、そうです。その原子は、植物や動物の栄養源になります。お母さんはその植物や動物を食べ、おっぱいとして赤ちゃんにあたえます。赤ちゃんは前世の自分の構成要素をよく咀嚼《そしゃく》することになるのです。

その一方で、フォトン体はそれぞれの次元に応じて、魂の乗り船の役割をはたします。それぞれの次元というのは、フォトン体（ライト・ボディ）は一種のタマネギ構造になっていて、フィジカル体に近いほうから順番に、エーテル体、アストラル体、メンタル体、コーザル体、ラジカル体、パスカル体の六層になっています。

それはフィジカル体から数えますと、三次元の〇段階から九次元の九段階にまで「分派延長」しています。まさしく虹色の階梯《かいてい》と呼ぶに相応しい七つのステージ（波動レベル）で、フォトン体の六層は仏教用語でいう、幽界、霊界、神界、菩薩界、如来界、宇宙界と波動エネルギーが共振共鳴《シンクロ》しています。

そして、エーテル体からパスカル体までの六つの波動レベルの層（実際には無限の階梯）を魂（船頭）が実在の世界（非物質世界＝精神世界）に帰るときの乗り船というふうに理解すると、それぞれのバイブレーション（波長、波形、振幅、周波数等）にシンクロして、六つの光子体（質量が○のライト・ボディ）の中のいずれかが、それぞれの意識の調和度（オーラの広さ＝後光の量）に応じて選択される、というわけです。

後光《オーラ》の量は、魂の悟りのレベルに比例しています。

わたしたちの心は「一念三千」と言って、三百六十度あらゆる方向にその指針を向けることが出来ます。善を想えば善が返って来るし、悪を想えば悪が返って来ます。これは因縁因果の法則で自然の摂理（天地の理）です。

神（宇宙の創造主）を信じたとき、あなた方には遅かれ早かれ「神通力」が働きます。どのような困難に遭遇しても絶望してはいけません。絶望は神を信じない心持ちから生じるのですから。

しかし、万物の霊長たる人類の内、阿羅漢《アラハン》の境地に達して頭の周りに後光（薄黄金色のオーラ）が醸《かも》し出されているヒトは、産まれたての赤ちゃんを除いては、現地球人の四から五パーセントといったところです。

二十歳以上の方になると全体の一から二パーセントです。こうなりますと末法の世と呼ぶしか形容の仕方がありません。まるで知恵の宝庫をどこかに置き忘れているかのようです。なぜなら、これらのヒトたちは皆、光の周波数に合致（エネルギー同調）する原初の術を失っているからです。いえ、忘れているからです。

――それは、今も昔もということですか？　それとも「原初の」といわれる限り、時代の新旧が問われるということでしょうか？

はい。少なくとも三億六千数百年前、ベーター星からテラ地球に天孫降臨した頃の原初のヒトたち約六千人の光背《オーラ》はとても大きくて、右を見ても左を見てもボサッター（菩薩）や如来の方々ばかりでした。情報の交換は、主としてテレパシーで行われ、天上界とも自由に交信《コンタクト》をとっていました。現代のような通信機器はなくともです。

ところが、あなた方が今、大変な岐路に差しかかっているのは、これから多くのダメージを被るような現象が、たとえば天変地異や天災地変が起こるかもしれないというビジョンを、危機として抱いているヒトがたくさん存在するということです。

それは、空想の中であろうと瞑想中であろうと、単にユーモアのつもりであろうと、現にビジュアライズしたことは遅かれ早かれ現象化するというプログラムですから、このままではダメージを回避できません。それが「集合意識」ともなればさらに加速度を増して……。いやはや、この否定的なコントロール装置をエイッと取り外さなければならない時期に来ています。いえ、べつに力む必要はありません。孫悟空の頭の輪っかをいくら締めつけたところで最終的な打開策にはなりませんから……。

――一念三千の言の葉どおり、わたしたちの予知する未来夢によって現実はリアル・タイムで現象化し、千変万化するのだということを知らなければなりませんね。しかし、否定的なコントロール装置を取り外すのは、ことのほか難しくはないと思いますが。すこし楽観的でしょうか？

いいえ、楽観的でも悲観的でもありません。従来の環境や教育や思想や習慣を勇気をもって打破してください。自分自身をよく知って、それを実践してください。常に感謝と報恩の心をもって行動してください。わたしたちは銀河系宇宙ファミリーの一員なのです。けっしてひとりぽっちの存在ではありません。そのことを自覚してください。あなた方のすぐ傍らには、今も守護天使や指導天使が実在します。この本を読んでいるのは、あなた一人ではありません。

——求める者には与えられるのですね?

そうです。しかし、誤解しないでください。それは、自力更生があってこそ、他力本願が与えられるということです。ラジオやテレビをチューニングするときのように、発信があって受信があるのです。入り出口とはいわず、出入り口というのと同じことです。

知恵と勇気と努力を発信して、自らの否定的コントロール装置を自力昇華してください。すべては織りなす糸のように、それぞれが縁によって結ばれています。さあ！　緊急の事態をさけるためにはそれだけの「集合意識」と地球規模での愛のシュプレヒコールが肝要です。言ってみれば、大難を小難へ、小難を無難へ。小悲から大悲へ、大悲から慈悲へ。

それぞれの思いと行い、そして言葉は各々残留想念（残念）として地上の世界、あるいは天上の世界で現象化します。身、口、意の三業というのがそれです。ですから、自然の法則にかなった思いと行いと言葉が実に大切です。

それらは、幸せな結末（未来）をつくる懸け橋になるのです。

第十一章

神一厘の仕組み

――わたしたちの魂は生きながらにしてすでに霊的な存在です。プラトンが唱えるように、ヒトの魂（本質）はイデア（実在の世界＝天上界）にあるのです。ところで、わたしたちの魂ですが、何処から来て何処へ往こうとしているのでしょうか？

はい、そうでした。わたしたちは「大いなる霊の元」から発して「大いなる霊の元」へ帰る旅人です。一種のボヘミアン・スタイルの移動民族です。「大いなる霊《ひ》の元《もと》」はモナド粒子の集合体で、この上ない精妙な振動波を全宇宙空間に発信（発振）し続けています。

わたしたちの本質は他ならぬ「精神」です。ところが、現在の地球の自然科学は、この「精神」が一体全体なんなのか、はたまた何から構成されているのか、という問題の核心に触れるまでには至っていません。つまり、モナド粒子の存在に今だ気がついていないのです。それは前近代的な発想ではありますが。

ところで、地球人がこの世に生まれて来るとき魂自体に質量はありません。けれども、あの世に帰るときになりますと、魂には質量がある場合とない場合があります。

ちょっと禅問答のようですが、質量がない場合の魂（真我）は天上世界（天国）に昇ります。その居住空間（霊域）は実に細やかな波動に満ちています。これは一目瞭然の判別式です。そして、その環境は素晴らしい緑に包まれて、小鳥たちがさえずっており、今にも天使のラッパが聴こえてきそうです。

しかし、質量がある場合、霊域は不調和（粗雑）で、魂（偽我）は地下世界（地獄）に落ちます。その環境は太陽が赤ちょうちんのように燻《くすぶ》って、うじ虫が陽の当たる場所に出られないように、ゴキブリが大日の炎天下に出られないように、非常に暗澹《あんたん》たる光景が展開されています。

しかし、宇宙の法則は一即多、多即一です。すべてはひとつで、ひとつはすべてです。部分は全体で、全体は部分です。わたくしはあなたで、あなたはわたくしです。一切は一物で、一物は一切です。ですから、地獄の実態を絵空事のように簡単にあしらうことは出来ないはずです。地獄の住人とて現在も神の子、星の子、光の子には違いないのですから……。

わたしたちは無尽蔵の慈愛によって生かされ生きています。無尽蔵とは大宇《マクロコ》宙《スモ》から小宇宙《ミクロコスモ》に至る全存在の証し（アカシック・レコード）のことです。この無限の宇宙に充満する「絶対無」が、いわゆるフリー・エネルギーです。それは不増不滅です。そこには、しかと質量保存の法則とエネルギー不滅の法則が息づいています。

そして、無数の連続体かつ無限の運動体である広大無辺の生命エネルギーの本質が宇宙愛（阿頼耶識《あらやしき》）なのです。

――わたしたちが知覚できるものさし《スケール》において、大きい核力、小さい核力、重力、電磁気力の四つの「力」が存在しますが、近未来の地球人は第五の力、つまり、モナド粒子（霊子、天子）の存在を確認するようになります。

モナド粒子は虚の質量を有する究極の非物質エネルギー粒子の『モノとコト』で、時間と空間の狭間《はざま》に存在しています。この大空にくまなく行き交《か》っているのです。それはちょうどヨガでいうプラナに相当します。

わたしたち神の子、星の子、光の子は、このモナド粒子の海を泳ぐ、宇宙的規模の生命体です。イルカもクジラもそうですね？

はい。二十八世紀の中頃に、メイド・イン・テラのＵＦＯ（反重力光子宇宙船）がモナド科学を軸として実用、応用化されます。反重力制御装置の発明と時を同じくして、あなた方地球人は真の自由、平等、博愛と、仏国土すなわちユートピアの建設に向けて、新しいパラダイムを打ち立てることでしょう。

地下世界（マイナス次元）に生活する多くの迷える霊魂たちは、自力昇華の結果、過度な重力から解放されます。また、地上世界（三次元）に住む地球人は、意識のチャンネルを変換しながら天上界や他の天体の住人と、自由に以心伝心できるようになるでしょう。わたしたちは、ＵＦＯに搭乗して時空間トンネル（次元のプリズム）を往来することも日常茶飯事になるでしょう。

――素晴らしい。わたしはその頃アフリカの東海岸に転生して来る予定です。そう、エル・ランティの総指揮のもと……。

思うこと行うことは、過去、現在、未来（前世、現世、来世）の三千大千世界をつらぬいて、百パーセント現象化します。精妙な想念エネルギーは光の世界と、粗雑な想念エネルギーは闇の世界とそれぞれ共振共鳴します。

それらはテレパシーのなせる業《わざ》ですから、実在界から見ればガラス張りの箱をのぞくがごとく、いとも簡単な仕組みなわけです。しかし、下の段階から上の段階を、たとえば四次元の二から三段階から、五次元の○から一段階を見通すことは出来ません。

上の段階ほどエネルギー的に言えば密度の高い時空間なわけですから、粗雑なバイブレーションは光のバリアの前ですべて遮断されてしまうわけです。逆に細かい波動エネルギーはそれがたとえ鋼鉄の壁であろうとも、スルスルと突き抜けることが出来ます。

天上界の光の天使が地獄の暗黒世界を訪れることがあります。そのとき地獄の住人の眼には「神様仏様だ太陽だ！」といってライト・エンジェルの姿が、あたかも光の化身のように、まばゆいエネルギー体として映るのです。

ですから、全知全能の神を心底信じて、神様の世界をあなた方の世界に現出してください。それがなによりの王道であり、玉座の法です。

実のところ、天上の世界のバイブレーションは時間と空間の調和（愛）をもたらしますが、地獄の世界のそれは時間と空間の不調和（憎）をもたらします。

前者は創造の賜物ですが後者は破壊の権化です。しかし、以外に思われるかも知れませんが「愛」と「憎」のＭＲＡやＬＦＴ等の波動測定機器による絶対値は等しいのです。

——等しいと言いますと？

前者は波動の最高値がプラス九次元の九段階ですが、後者は波動の最低値がマイナス九次元の九段階だということです。

そしてプラス十次元の〇段階が「大いなる霊の元」創造主の領域で、マイナス九次元の九段階がサタンの領域です。地獄界にはマイナス十次元の〇段階というランクは存在し得ません。それが神一厘の仕組みです。ですから、あらゆる事象は益々良くなっていると信じてください。肝心要《かんじんかなめ》はプラス思考です。

さて、人間の魂は実在界から現象界（地上界）に生まれてくるときはマイナスの質量といいますか、虚の質量を有しています。しかし、成長するにしたがって不調和な生活態度（我良し、強い者勝ち）をとおしていますと、顕在意識から潜在意識へ、潜在意識から魂の核（心）へ、偽我のバイブレーションが徐々に伝染してきて、ついには時間と空間の不調和を産んだ分、魂の質量がプラスの方向へ、粗雑な物質化の方向へとシフト・ダウンしてしまいます。

——このような魂は地下世界とエネルギー同調し、この世での生活体験を終了するとき、もしその魂がすすけた状態のままあの世に帰ると、フォトン体（本来、質量はゼロのライト・ボディ）に悪影響をあたえるだけでなく、プラスの質量の魂がフォトン体におんぶする恰好になりますから、その魂は地獄の世界で必要な分、垢落《あか》としをしなければならなくなります。ですから、わたしたちはまず自分の心を磨き、曇りを払わねばなりません。塵が積もってくると『モノとコト』の本質（魂）が見えなくなってしまうのですね？

はい、そうです。これは罪だとか罰とかの裁きではなくて、良心（自分にウソをつけない本質）が自らすすんで引き受ける、貴い自由意志の現れなのです。閻魔《えんま》大王が「おまえは地獄行きだ！」と言って指図をするのではありません。あくまでも本人の自覚と懺悔に基づいてです。

万が一自覚がないと致しましても、天上界に昇るか地獄界に降りるかは本人の責任において全うする権利と義務なのです。他人のせいではけっしてありません。生前の「意識」が創造する、例外なしの未来図（青写真）だということです。

常日頃からどんな波動レベルと同調《シンクロ》しているかということが死後の世界を決するのです。心の指針を「中道」に合わせて普段の生活を営むことが肝要です。

栄耀栄華《えいようえいが》にうつつを抜かしている暇はありません。

それには自分自身に忠実に他人に寛容な心をもってください。誤ちは素直に認めて、自分自身をクールに眺めてください。肩の力をフッとぬいて止観してみてください。洗心瞑想、反省禅定をしてください。正しく見、聞き、語る「八正道」を心のものさしにしてください。感謝と報恩の生活行為を講じてください。

元々ヒトの心は清浄無垢です。これを曇らすのは他ならぬ自分自身です。ヒトの良い行いを見て、ああ、いいなあと思うのは、あなたの心が元々良いからです。良心の賜物なのです。ですから心をいつも磨いて曇りのないように努めなければなりません。

そして「一念三千」という宇宙の定理を真っ正面から実践してみてください。これは、わたしたちからの切なる願いと祈りです。

第十二章

三千大千世界の縮図

——ヨハネ（四十八音）による福音書に、「初めにコトバがあった。コトバは神とともにあった。このコトバは初めに神とともにあった。すべてのモノはこれによって出来た。出来たモノのうち、ひとつとしてこれによらないモノはなかった。このコトバに命があった。命はヒトの光であった」という件《くだり》がありますね？

はい、コトバは光透波です。カタカナは象神名です。

コトバは原語でコイネーといいます。これは「ロゴス」のことです。ロゴスはいうまでもなく六五四です。

ロゴスは言葉のほかに「論理」「原理」といったニュアンスを含んでいます。

それは万生万物の変化、生命流転の底に横たわる理性的な「法則」のことです。その法則のもとで、すべての存在が脈々と律動しているのです。そして、死ぬとき「意識」は物質的束縛から解放されて、再び宇宙的な自覚状態へ超入します。

宇宙は全体としてひとつの生命体です。

したがって、わたしたちの内部に「神」が存在し「神」の内部にわたしたちが存在しています。部分は全体であり、全体は部分なのです。実際に小匙《こさじ》一杯の土には、なんと地球上の総人口に値する数十億の微生物が住んでいます。まさに母なる大地、地球です。そしてすべての存在は一即一切、一切即一です。

般若心経に謳われる色不異空、空不異色、色即是空、空即是色です。

空とは形のない『モノとコト』（エネルギー）です。色とは形のある『モノとコト』（物質）です。

物理的に言いますと、エネルギー（空）は仕事をなし得る能力で、物質（色）と表裏一体（合わせ鏡）の関係上にあります。また、エネルギー（空）はサブ・プランク・スケール領域（十のマイナス三十三乗センチメートル以下）のモナド粒子の回転球体スパイラル運動によって発生します。物質（色）はエネルギーの集中固体化した個性を有する「存在」です。

空はすべての『モノとコト』の究極の「本質」です。『モノとコト』は相互依存的な関係の中で、全体から「分派延長」し、また、全体へと回帰します。大自然と同化します。これは宇宙の法則です。

しかし、宇宙の法則（天地自然の理）に反して表面的な『モノとコト』に執着する偽我は、生老病死という四苦八苦を産み出します。そこから脱却するには『モノとコト』の普遍的かつ潜在的な「意識」にアプローチしなければなりません。そのためには洗心、快心、澄心することです。心おきなく「霊主体従」を発現することです。文字どおり「澄めば都」です。

それがかなわなければ無明です。自我我欲にこだわって我欲が満たされないからです。足ることを忘れ自己保存に固執するからです。丁度いい加減を履《は》き違えているからです。

しかし、宇宙の本質は一即一切、一切即一ですから、すべての『モノとコト』（三千大千世界）は一点に畳み込まれているのです。世界はフラクタル構造です。部分と全体が同型な自己相似性をはらんでいます。フラクタルは微分を定義できないので、たとえば大きな円に小さな円、ダルマの中にダルマといった具合に入れ子構造になっています。さらには植物の盆栽もフラクタルといえそうです。その境界線においては、自己保存、自我我欲などは無用の長物です。
こだわる必要はありません。わだかまる必要もないのです。

――こだわらないことに、こだわってもいけませんね。
要は、不足の心を制御して、真我《ブラフマン》に生きることでしょうか?

そうです。宇宙の「主体」は自己保存、自我我欲とは無縁です。それはパーソナル端末機に備わっているモノではなく、また、見える聞こえる触れられるこの世の付属的なコトでもなく、むしろ潜在意識のグローバル・ネットワークとしての実在界にあります。その環境世界においてはララ・クシラ・マラ・キャラ(荒ぶる魂たちよ、鎮まり給へ)というマントラが功を奏します。これは一種の祓《はら》い言葉(真言《マントラ》)です。

実在界は全知全能の次元です。それは神人合一の波動レベルです。いわゆるアカシック・レコードのアカーシャといいますのはサンスクリット語で「空」という意味です。

それはサブ・プランク・スケール領域に畳み込まれた宇宙のあらゆる「知識」のことです。ですから主体としての「知識」は、時として運命（客体）をも超えてゆく宇宙の発信源なのです。

運命は文字どおり命を運ぶ『モノとコト』です。宿命とは意味が異なります。前者は能動的なアクションで、後者は受動的なリアクションです。前者は「自由意志」をともなっています。後者は「業」をともなっています。業とはカルマのことです。

主体的な運命の主人公とは人生の脚本家でもあり監督でもあります。またその模様をパーソナル端末機で観察することも出来ます。キー・ボード（文字盤）を使って、劇場空間でヴァーチャル体験に直接アクセスすることも可能です。

イエス様は言いました。

「汝らに真理を知らしめよう。真理は汝らを自由にするであろう」と。

――なんでも出来るんですね?

はい。地球生命体の命運はひとえにあなた方にかかっています。さて、地獄の帝王ルシフェルことサタンは、六行詩の中で次のように謳《うた》っています。

わたしは、己が翼に未練をいだきし者なり。
そなたは、己が翼に未来をいだきし者なり。
未練と未来、それは、似て非なる響きなり。
かくして、わたしの未来は、光に託すなり。
光の存在は、世の諸相を正しく掴む者なり。
わたしは、全生命に賛美賛嘆を捧ぐ者なり。

彼は来たるべき終末の秋《とき》に備えて、全身全霊をこめて翼の身繕《つくろ》いをしています。それはヒトの恐怖心をいたずらに煽《あお》るためでは毛頭なく、最後の審判にふさわしい、彼ならではのライフ・スタイルを確立するためです。

しかし、実践を伴わなければ彼の詩は「神理」ではありません。意識と知性、霊性、神性が一体となり、完全に調和して働くようになるまでは、わたしたちは自分の運命の支配者ではありません。『モノとコト』を冷静に天秤にかけて思うこと、言うこと、行うことが三位一体のもと調和しているかどうかということが、審美眼にかなわねばなりません。それが成就した暁の三位一体観は、それはそれは麗《うるわ》しいものです。あなた方の理想像を遥かに超えた、実在界（金剛界）で真、善、美という珠玉の常世《とこよ》です。

地球の未来はとてつもなく明るいのです。しかし、それ以前に数多《あまた》の天変地異や天災地変（実際にはすべて人災）を一種の通過儀礼として体験できますか？　あなた方がそれらの出来事を実直に快諾できるかどうか、地球の未来はひとえにあなた方の匙《さじ》加減にかかっています。その「自由意志」によって個人的な必滅の道も非個人的な不滅の道も、オーライと歩む特権が与えられています。しかしながら、地獄の帝王は虎視眈々と終末の秋《とき》を待ち望んでいます。地球人の恐怖心を煽るのは専ら彼の手下たちの仕業です。むろん、それに屈しては、明るい未来は叶いません。

――ルシフェルは六行詩を朗読中、四百四十ヘルツの口笛を吹き鳴らしながら、まるで蝙蝠《こうもり》のようにどす黒く光沢する翼をパタパタとはためかせていました。

そして、彼は魔法のステッキを片手に闇の夜空をユウユウと闊歩《かっぽ》するのでした。と、どこからともなく、いかにも甘美な調べの、とろけそうなセイレーンの歌声が、彼岸から聴こえてきました。声の主は時どきエヘヘと笑いながら、

おいでおいでよ
こちらにおいで。
かたずをのんで
すぐさまおいで。

そなたのあいを
そだててあげる。
あまいしらべに
よわせてあげる。

と、囁くように唄いました。

わたしは好奇心を露《あらわ》にして尋ねました。

「今の歌は潮風をはこぶ歌かな？　わたしには、どうもそんなふうに思えて仕方がないのです。もしも差し支えなかったら、歌のタイトルを教えてもらえませんか？　わたしもあなたのように唄えるように、ぜひともレッスンを積みたいものですから……」。ところがどうしたことでしょう？　彼女はわたしには一瞥《いちべつ》もくれずに、ルシフェルにチュッと投げキッスを贈ったのでした。わたしは誰にも聴こえない溜め息をポツンとつくと、「後ろの正面だあれ？」と、ひとり芝居をしてみました。

そして、フッと後ろを振り返ると、そこにいたはずのルシフェルの姿はありませんでした。

第十三章

意識の調和度

第十三章

瀉血の臨床実

コスミック・ダンスをご覧になったことはありますか？

――はい、あります。宇宙の舞いですね？

はい、わたしたちが住んでいる多次元世界のゼロ・ポイントは無数にあります。ゼロ・ポイントとは面積がゼロの中心点のことです。

――それは何処にあるのですか？

前世でも来世でもない、彼方でも此方でもない「静止点」にあります。

――セイシテンとはなんですか？

停止でも運動でもない、内側でも外側でもない、「はざま」のことです。

――時間と空間の「はざま」ということでしょうか？

はい、そうです。

――と、次の瞬間、わたしはアクアラングを背負って海に飛び込むダイバーさながら、間髪をいれない勢いで、フッと瞑想状態に入りました。

そして、ゆるやかな時間がカチカチカチカチ……と過ぎてゆきました。

数分後、ハッと目覚めて開口一番、「イルカが圧倒的なブルー一色の宙を泳いでいます」といいました。

彼女の名前はリリィ。ジョン・C・リリィです。

今、彼女はおしりをフリフリしながらコスミック・ダンスを舞っているのです。ほら、ご覧なさい。流線形の美しいフォルムが無数のたまゆら（モナド粒子の集合的球体）をあたり一面に発散しているでしょう。

——はい。よく見ると七色の滴がキラキラと、まるでヒカリとカゲみたいです。

まさに光と影（ヒカリトカゲ）のページェントです。

——きれい。

時間と空間がみごとに統合して奏でる協和音の世界。それは宇宙交響楽団が演ずる愛と調和のシンフォニーです。

わたしたちの「意識」が大宇宙の「集合的無意識」と波動共鳴するとき、わたしたちは宇宙の風にのって、コスミック・ダンスをスベスベと踊るのです。そう、静止点という無数のステップを踏みながら……。

さて　イメージしてください。

まず、等身大の鏡を二枚用意します。その次にお互い同士が映るように三メートルほどの距離をおいて向かい合わせます。その中間地点に鏡の国のテラスさんがポツンと立っています。彼女は鏡の中の自分の姿に目をやります。すると、テラスさんは二枚の鏡の中に無数の自分自身を発見することでしょう。彼女は、果てしなく投影展開してやまない宇宙の鏡像関係を、いつまでもどこまでも発見し続けるのです。

このように、宇宙は無限の時間の連続体、無数の空間の運動体としての理解が可能です。そこではすべてのものさし《スケール》が靴ひも《ブーツストラップ》状に畳み込まれており、観測者と被観測者との間に先のテラスさんとよく似た無限世界（相似象）が繰り広げられています。

あなたも鏡と鏡の間に立ってください。するとどうです？　あなたの眼前に目にも止まらぬ速さで、まるでスカイ・フィッシュのような映像体験を積むことになりましょう。原風景をあなたの言葉で記してください。

——今から約三十三億年前、やがてテラ地球になる原始惑星に直径十キロメートルの微惑星が次から次へと激しく衝突しました。このときの熱で原始地球はどんどん熱くなっていき、微惑星がひとつ落ちるごとに琵琶湖の水を四千回沸騰させられる程の、それは全く想像を絶する熱さでした。

とにかく、その頃のテラ地球は熱でドロドロの、熔岩の海のように見えました。重い金属は中心（核）へ沈んで、軽い岩石は表面に浮いてきました。そのときに水蒸気や二酸化炭素などの気体が表面から出て来て、それが厚い原始大気になりました。その結果、原始地球の温度は上がる一方でした。

やがて、地球をとりまく原始大気は、太陽光と太陽風で吹き払われてしまいました。こうして原始地球はしだいに冷え始めました。と、同時に大気中の水蒸気も冷えてきて雨雲になりました。ポタポタと最初の水滴（雨）が原始地球に落ちてきました。その慈雨は原始地球の地面と大気を冷やして、水蒸気はさらに雨になって、雨が雨を呼んで物凄い豪雨になりました。狂おしい雷がピカピカと鳴り響いて、滝のような河川がドドドドと流れました。

そして、大気中の水蒸気は、いつしかエメラルド色の海に修理固成されたのです。

「まあ、リアルな映像ですこと」と、イルカのジョン・C・リリィは三十三億年程前の「過去」の原始地球から、三十三億年程後の「未来」である「現在」のテラ地球へ戻って来ていいました。

「水の惑星テラは、さながら太陽系宇宙のオアシスよ」

すると、彼女はふと首のあたりをさわって、「あらまあ、ないわよ！」と、びっくりしたように、がっかりしたように言いました。

ということは、なにかい？　ははあ、なるほど。彼女はどうやらお気に入りの黄色い木綿のハンカチーフを、過去の時空間にうっかり忘れて来たようです。

「こんど、きみの誕生日にプレゼントするよ」と、わたしは言いました。するとと彼女はニコニコとまるで太陽のように笑いながら、「うん。ありがとね」と　答えました。わたしは　彼女の元気な声を聴いて、「安心したよ」と、心の中で呟《つぶや》きました。

わたしは、わたしの中の一番奥深いところから感謝の思いがとめどもなく溢れてくるのをジッと押さえ切れないまま、大切な『モノとコト』を夏休みの絵日記のページをめくるように思い出しました。

それは自由です。

リリィは『カゴメの歌』を元気一杯に口ずさみながら、キラキラとゆるやかに波打つ宇宙の海を、どんな上着もまとわないで、どんな水の抵抗も感じないで、スイスイと泳ぎまわっています。

胎児を包む羊水は太古の海水と酷似していますが、生物の体に含まれる元素を観てみても、海水成分の元素が使われ、海水にない元素は含まれていません。リリィはまるでこのことを熟知しているかのような泳ぎっぷりです。

そして彼女は、眼、耳、鼻、舌、身、意の六根を鍛え、色、声、香、味、触、法の六境のカリキュラムをこなそうと張り切っています。それは色、受、想、行、識という五蘊《ごうん》の陰入界境を観ずることによって具体的になります。

彼女があんなにも元気でいられるのは、きっと自分自身に正直だからです。宇宙の海は彼女にとって、ほんとうの遊び場なのでしょう。嬉々として宙で戯れています。

「宇宙は時間と空間です。時間と空間の調和は愛です。ですから宇宙は愛に満ち満ちています」

——と、エル・ランティは白銀色の大きな翼をフワッと広げながら言いました。ここからまた自動書記をさせていただきます。

宇宙の本質、それは愛一元です。奪い合う『モノとコト』ではなく与え合う（サービスする）『モノとコト』です。

すべての存在物は、大宇宙の海原をユラユラとたゆたいながら「大いなる霊の元」によって生かされ生きている光の存在です。つまり、生きとし生けるモノ、有りとし有らゆるコトは、宇宙の中心であるセントラル・サン(霊太陽)の分霊ということです。無数の分霊は弥栄《いやさか》えるフォトン体です。それは光のエネルギーそのものですから、宇宙の本質は不増不減、不生不滅です。言い換えますと、光ある処に光源があって、光源がある処に光があるということです。

宇宙のセントラル・サンが無限に発信し続けている光透波《コトバ》のエネルギーは、万生万物、森羅万象に知恵と勇気と努力と大いなる「自由の息吹」を発露させます。

セントラル・サンの複合的な愛のエネルギーは、すべての『モノとコト』を ひとつとして例外なく「生成化育」させる、アガ・ラマの根源力です。その力は無尽蔵で、わたしたちに真、善、美（大宇宙のファクター）をもたらします。

わたしは、わたしの「意識」にとっての否定的なコントロール装置を取り外すと、そこから生じるこだわり、わだかまりが少しずつ解放されてゆくのを　素肌で感じることが出来ました。

意識の解放！　それは、無限大の自由意志による『モノとコト』です。あるいは、宇宙の全生命エネルギーの発酵（八紘《はっこう》＝発光）です。

わたしたちの魂の核である心（意識の中心）は、宇宙の真理を体現する、まさしく光の天子（究極のモナド粒子）の集合体です。そして、わたしたちの「意識」は創造主「大いなる霊の元」の宇宙意識と完全同調《シンクロ》することがプログラムされている、振動波（波動エネルギーの周波数）の賜物です。

現象界（物質世界）に舞い降りるすべての生命体は、モナド線によってセントラル・サンと直結しています。すなわち、わたしたちの「潜在意識」は大宇宙の「自由意志」と共振共鳴しながらコンピュータの端末機のように機能しているのです。

至極当然ながら、マスター・コンピュータを務めるのは銀河系宇宙のポール・ポジションに位置する霊太陽です。

なおかつパーソナル端末機のコード（符号および暗号）を読み解く鍵は、わたしたちヒューマノイド型生命体のDNA中に内在されている「心の調和度」つまり、潜在意識と顕在意識の同通の度合いということです。それは、心の抵抗値（魂のスモッグ）の高低に比例して千変万化します。

ですから、常に明るい未来に胸をふくらませて、心の中に巣食う悪想念を心ゆくまで「反省」して、清い真珠の涙で払拭することが大事です。

補足ながら、潜在意識とは魂の支点、力点、作用点が実在界（精神世界）にあって、ユングが唱える「集合的無意識」のことを指しており、一方、顕在意識とは魂の支点、力点、作用点が現象界（物質世界）にある「個別意識」と定義されています。

第十四章

ＵＦＯのテレポート

三千大千世界の中心、あるいは中央（ゼロ・ポイントの須弥山＝シュメール山）は実際無数にあります。なおかつ空間（宇）と時間（宙）は、唯一無二のユニットで切り離し出来ません。

宇宙という言の葉（言霊）はこの理《ことわり》を顕《あらわ》しています。

「空間」は時間の拡がりで、過去から未来への時間ベクトル上に隣の空間とパラレルな関係を保ちながら、星の数ほど同時多発的に存在します。

「時間」はアインシュタインが唱える相対性理論のように四次元の産物ではなく、絵巻物をひもとくような一本槍（ベクトル）でもなく、三千大千世界（過去、現在、未来）の「本質」が、今という一点に畳み込まれています。

よって前世、現世、来世の三世は、生命流転の過程で世界の車窓から展望する四季の風景のように諸行無常な時間軸上にあるのではなく、時間と空間はあたかも宇宙の絶対論的メトロノームさながらに、ある一定のリズム（拍子の速度）を刻みながら、二卵性双生児的な相関関係を結んでいるのです。

——「大いなる霊の元」と、今！　連結しているのですね？

はい、そうです。現在の地球の科学は、万生万物（物質）の基本粒子と理解されている二百種類以上の素粒子と、さらに微細な六つの宇宙素子（クォーク）を仮定していますが、では、この六つのクォークが一体全体なにから成るのか？　という段になりますと、残念ながらその解決の糸口を見いだすまでには至っていないようです。

なぜならば、クォークよりもさらに小さい、すなわちサブ・プランク・スケール領域（〇・〇〇〇〇〇〇〇〇〇〇〇〇〇〇〇〇〇〇〇〇〇〇〇〇〇〇〇〇〇〇〇〇一センチメートル以下）より精妙なる世界、いわば超ミクロの世界においては、生きとし生けるモノ、有りとし有らゆるコトの存在理由を科学的に解明して、定式化するための一般的な言語体系や論理体系がもはや通用しないからです。

そこでは、これまでの時間と空間の概念が無に帰してしまって、いわば不確定になり、電子顕微鏡によってもハッブル宇宙望遠鏡によっても観測不可能なレベルの素粒波の世界が、まるで無限小の光のさざ波がユニバースの大海原をキラキラと寄せては返すように、いつまでもどこまでも律動しているのです。

——ユニバースってなんですか？

それは宇宙です。愛の現象世界です。光のスペクトルです。

——それではユニバーシティは？

辞書的な意味において宇宙を体感する学園です。

わたしたちは宇宙学園に通う生徒に他なりません。ですから、すべての生徒には登録番号が用意されています。それは動物、植物、鉱物の一つひとつにも例外なく用意されています。ちなみにあなたの登録番号はB組の四一二三七一二三七です。ノヴァ・テラ（陽子に対する「反陽子」と同様のマトリックスで地球に対する反地球）の総合役場の住民課にちゃんと登録されています。

したがって、銀河系宇宙の中央（シュメール山）ならびに中心はビッグバン以前とビッグバン以後の宇宙史すべてをアカシック・レコードとして記録しています。

わたしたちの「意識」もその深層において、このアカシック・レコードと無数の霊子線（モナド・ライン）によって直結しています。そして、わたしたち個々の「意識」がコンピュータの端末として機能しているように、銀河系宇宙の中心はマスター・コンピュータとして機能しています。その機能の主体が「大いなる霊の元」です。

そこではいわゆるホワイト・ホールが時間と空間の調和地帯を通過する穴として、ブラック・ホールが時間と空間の混沌地帯を通過する穴として「実在」します。

そして、この混沌地帯こそが実はタイム・トラベルを可能にする異次元への扉で、反物質宇宙への入り口なのです。UFOの通り道であり、新星の誕生地でもあるのです。

調和地帯と混沌地帯は、あたかも生成しては消滅し、破壊しては創造しているかのようにわたしたちの眼に映りますが、これらの出来事はユニバーサルな視点に立つと、仏教でいわれる不生不滅、不増不減（エネルギー保存の法則）の「実相」ということになります。

このとき、ある特定の次元の階層（たとえば第三波動レベルの、とある閉じられた「系」の宇宙の時空間）では、質量保存の法則やアインシュタインの相対性理論はたしかに成立するのですが、四次元以降の高次元世界（とある開かれた「系」の宇宙の時空間）においては、これらの法則は必ずしも成立し得ません。

しかしながら、エネルギー（正確に言えばモナド粒子の回転球体スパイラル運動によって生じる宇宙エネルギー）保存の法則は、どちらの「系」においても成立して、実はこの法則がテレポーテーション（たとえばUFOの瞬間移動）

を可能にしているのです。
つまり、ある物体が瞬時にして此方から彼方へテレポートする場合の、その物体の構成は、一度プランク・スケール以下の超原子に変換、還元され、再び瞬時にして、あたかもテープレコーダーの再生ボタンを押すように変換前の物体がモナド粒子の回転球体スパイラル運動によって複製《コピー》される、というわけです。
このことは電子と陽電子がバシッと衝突して消滅いたしますと、その瞬間エネルギーが生まれるといわれる現代物理学の解釈とも符合しますし、また、般若心経にある色即是空、空即是色の文証とも照応します。

――それではUFOの乗組員の魂の波動レベルがテレポート時の物質(色)からエネルギー(空)へ、あるいは、エネルギー(空)から物質(色)への変換に間に合わない場合、乗組員の魂は一体全体どうなるのですか?

テレポート時のエネルギー変換に間に合う場合、つまり心(意識の中心)の調和度がＵＦＯの振動波と共鳴できる程ピュアな魂の乗組員は、原子体（フィジカル体）のＵＦＯが光子体（たとえば第七波動レベルのコーザル体）のＵＦＯにエネルギー変換する場合、ＵＦＯが発信・受信（交信）する実に微妙な周波数のバイブレーションと同調《シンクロ》して自由自在に宇宙航行できますが、未洗心のピュアでない（心の抵抗値が大で、電圧をかけなければ電気が流れない）魂の乗組員は、粗雑な波動エネルギーとシンクロしてしまい、その結果、ＵＦＯに搭乗しても目的地に到達することは容易には叶いません。

ですから、少々深刻な話ですが、それぞれの乗組員の魂（本質）の調和度（後光の度数）に応じてテレポート（瞬間移動）先まで辿り着ける場合と、そうでない場合とに選別されざるを得ません。しかし結局のところ、それを決するのは己が「意識」に他ならず、自由意志の発現ということになります。

要は心の抵抗値を下げることです。そうすることで理不尽な電圧をかけなくとも心がピュアそのものになりますから、自然と電気（宇宙エネルギー）が流れるようになります。これらの現象を現代物理学では「超伝導」と呼んでいます。光の導管になることができるのです。それにはまず、自らの心の習性を熟読して修正し、また過去において嫌な思いをさせられた出来事をすべて赦《ゆる》し、反省すべき点は神様と自分自身に心ゆくまで詫び、感謝の祈りを日課にすることです。

瞑想の醍醐味はこの一点にあります。そうすることで意識の調和度がシフト・アップし、その結果心の抵抗値を下げることに繋《つな》がり、魂（本質）磨きに直結するのです。

――ということは目的の地まで無事辿り着けない場合の乗組員の魂の行方は、果たして何処になるのでしょう？

この問題は、輪廻転生のテーマと深く関わっています。

この世（現象界）におけるわたしたち一人ひとりの魂（虚の質量を有するモナド粒子の集合体）の乗り船は、アトム体（プラスの質量を有する原子体）ですが、あの世（実在界）における魂の乗り船はフォトン体（質量がゼロの光子体）です。

そして一人ひとりの心（魂の核）の波動エネルギーの振動波に同調（共振共鳴）して、魂（本質）の乗り船の波動レベル（七色の虹の階梯）は自ずと異なってきます。たとえば四、五、六、七、八、九波動レベルでの魂の乗り船は、それぞれエーテル体、アストラル体、メンタル体、コーザル体、ラジカル体、パスカル体です。

このようにＵＦＯが一度テレポーテーションを開始しますと、目的地までの波動エネルギーの周波数（振動数）によって、各々の次元世界と乗組員自身の意識の調和度が阿吽《あうん》の呼応をして、テラ＝地球生命体以外の星に転生したり、あるいは過去の地球に輪廻転生するということが、テレポーテーションをする際の大まかな選択肢として想定できます。

また、過去の地球に転生する場合、前世の記憶は九十パーセント潜在化されるというふうに、宇宙連合ＳＥの規約で義務づけられています。なぜならば過去世界への過度な介入によって、わたしたちの自由意志と「運命」の琴線がこんがらがってしまっては、未来のプログラム（青写真）に大きな影響力をあたえかねないからです。しかし、そのことについては、あらかじめ万策が講じられています。

——いやはや、用意周到なことですね。実に天晴《あっぱれ》です。

第十五章

虹色の黄金分割

――イルカのリリィはやさしく微笑みながら立ち泳ぎをしています。まんまるいルナ（月世界）の周りをあたかも衛星のようにクルクルとまわって。耳をすませると彼女の淡いピンク色の唇から、かすかに震える歌声が木《こ》霊《だま》して聴こえてきました。

たおやめゆらゆらたゆたいて
ますらおさらさらながれゆく
てんしのうたごえたからかに
なないろのうみにこだまする

よせてはかえすなみのりずむ
いきとしいけるもののいぶき
ありとしあらゆることのはを
ひかりのまにまにつたえきく

みずほのくにのえでんのその
いのちのいずみにひはのぼる
ひふみよいむなやここのたり
みいづのかがやきとうとしや

詩《うた》のタイトルは「あおうえいのかなたへ」です。

「ところで」と、彼女はソッと耳打ちしました。

「六つのクォークの元ってね、実はモナド粒子（霊子＝非物質の究極粒子）の三つの回転球体スパイラル運動の順列組み合わせから成っているの。

つまりはね、左まわりに開く渦巻き《スピン》と右まわりに閉じる渦巻きと∞《メビウス》状の渦巻きの三つの運動パターンから成るの。3×2×1＝6ってことよ」

と、リリィは、実際に三つの形態パターンを泳いで見せてくれました。

それはとても滑らかなコスミック・ダンスでした。

宇宙の法則（自然の摂理）はわたしたちの「意識」の調和度に応じて、さまざまな姿となって顕現します。先程の彼女のダンスは、そこはかとない「ひふみ」の運動形態に他なりません。

一二三は自然数（正の整数）の中にあって、足しても掛けても同じ（1＋2＋3＝1×2×3＝6）になる、唯一の順列パターンで、数奇なイメージを彷彿させがちな666という数列は、いわば運動「停止」の数霊《かずたま》で、567という数列は「連続」運動の数霊です。

三つの数を足算しますと、ともに18で、掛算しますと前者は6×6×6＝216で、後者は5×6×7＝210になります。両者の数を差し引きしますとやはり6になることが判明します。

――そうですね。黄金の三角形と呼ばれる二等辺三角形は、幾何学上の奇跡と考えられる特性を示します。つまり、斜辺を1としますと底辺は0・618になって、こんどは底辺の長さを1としますと斜辺が1・618になります。これは数学パズルですね？

1＋1・618＝2・618
1・618−0・618＝1
1−0・618＝0・382
2・618×0・382＝1
2・618×0・618＝1・618
1・618×0・618＝1
0・618×0・618＝0・382
1・618×1・618＝2・618

ある種の黄金分割です。フィボナッチ数列とも連関しています。ダイナミックに千変万化する生命現象の根本法則です。

ところで、わたしたちの心（意識の中心）は0・618と1・618、男性と女性性、感性と理性、歓びと哀しみというふうに陽と陰の調和《コスモス》をベースに成立します。そして、陰陽のバランスはとても精緻ですので、陰陽の一面にかたよって軽はずみに愛憎、正邪、善悪をつけますと、大きな火傷を負うことにもなりかねません。

魂の中心（不退転の心）はまるでクルクルと回転するコマの軸のようにセントラル・サン（霊太陽）と直結しています。陰と陽のバランスに関して言いますと、たとえば、恋愛中のカップルの「本能」と「感情」の領域が、余りにも高まって肥大化してきますと、「知性」と「理性」の領域が侵犯されますので、カップルの心の影は文字どおりハート型に変形して、そのオーラ（後光）はピンク色に彩られます。

ちなみに、怒ると炎のような赤色に、ヒーリング中は送り手の掌が淡いグリーン色になります。また、現代の大脳生理学によりますと、「感性」と「理性」

は右脳と左脳がそれぞれの役割を果たすべく役割を分担していると解釈されているようですが、ところが実際は無数のネット状に張り巡らされた脳の神経細胞相互間の接続部（シナプス）と、中脳と大脳半球の接続部（間脳）との間を右往左往してやまないモナド粒子（宇宙の究極素子）が∞状にシュプールしながら「感性」と「理性」とのバランスを意図しているのです。

「受信・送信装置」である脳のアンテナは、さまざまに行き交う宇宙空間のリアルタイム情報を細大漏らさず交信できるように四六時中作動しています。

したがいまして、過去、現在、未来（あるいは現界、霊界、神界の三千大千世界）の宇宙情報は、脳の神経細胞が発信する固有の振動波と「意識」の振動波がエネルギー同調して、わたしたちの脳裏に具体的な生の映像や音響のホログラフィーという形で克明に受信されます。その原理は「一念三千」といって、三百六十度の宇宙情報を選択可能な「自由放送局」です。

さて、この時空点で併せて特筆すべきは、いゆわるフライング・ディスクについてです。

それはフィシガル体（原子肉体）の上方、頭頂のチャクラから約六十センチメートルあたりで超光速回転球体運動する高性能の自動翻訳装置です。

フライング・ディスクは光を七色に「分派延長」する、いわば次元プリズムで、タマネギ構造からなる七つの身体、すなわちフィジカル体（アトム体）、エーテル体、アストラル体、メンタル体、コーザル体、ラジカル体、パスカル体に宇宙からのメッセージ（アカシック・レコードの内容）を地球語に翻訳して伝達する一種の媒体装置で、サイズはちょうどＣＤくらいで、形状は完全な超光速球体です。素材は原子体と光子体のそれぞれの松果体《しょうかたい》および海馬《かいば》を結んでいる霊子線と同様、モナド粒子から成っています。

フライング・ディスクが宇宙の時空間からキャッチするさまざまな光の情報は、わたしたちの潜在・顕在意識と想念フィルムにしっかりと焼き付けられます。フライング・ディスクは、過去、現在、未来の「記憶装置」です。脳はあくまでも情報の「受信・送信装置」です。

ですから　想念フィルムをひもとけば、わたしたちの思うこと行うことが三次元の時空間をも超越して通信衛星から送られてくる立体映像さながらにその模様を一目瞭然理解できるのです。

こうしてフライング・ディスクは太陽系霊団（アガシャ系、カンターレ系、モーゼ系が三位一体の光の大指導天使グループ）のアカシック情報満載の小型UFOと言うことができましょう。

——なるほど。UFOは光の円盤型有機生命体で、超光速回転球体スパイラル運動する反重力光子宇宙船なのですね。

とてもよくわかりました。THANKS A LOT!

第十六章

セックスする心とは

——わたしたちの脳の神経細胞は今も刻々と生かされ生きています。

人体は素晴らしい「波動」の循環システムに則って作動しています。皆さんは脳の神経細胞が奏でる「事象」をまず理解していただきたいと思います。

その前に、わたしたちは来たざる『モノとコト』をあてにしませんし、過ぎた『モノとコト』をクヨクヨもしません。得意の絶頂にいても有頂天になりませんし、いつも油断せず不測のことに備えておく心構えが肝要です。それらを念頭においてエル・ランティの弁を耳をすませて聴いてください。

音楽的な波動システムについて付記しますと、満月と新月の「時」を境に地球上の有機生命体の脳内では∞（メビウスの輪）状に運動するモナド粒子（天子＝究極素子）が前に述べた「シナプス」と間脳のある部位で逆回転します。いってみれば脳内の楽譜面にあるフレーズが「転調」するのです。

と同時に、「本能」「感情」「知性」「理性」の各部位の役割もスパッと逆転劇を演じます。これはヒトの「想念」の働きによる『モノとコト』です。念という言葉は今と心に分解できます。ですから、今想う心が万生万物、森羅万象の霊の元（日の本）ということになります。

渦巻き《スパイラル》状に回転球体運動するモナド粒子の波動エネルギーの形態パターン図が、一方において陰（本能、感情）極まって陽（知性、理性）になり、他方では陽（知性、理性）極まって陰（本能、感情）になりますが、これは一種の対極図といえます。

このことを物質次元（第三波動レベル）で捉えますと、本来「陽」である陽子と本来「陰」である電子がテレポートを際限なく繰り返して、それぞれの素粒子の性格をアッという間に逆転させる、というように理解できます。

――わたしは左手と右手をチョキにしたりグーにしたりしながら「この場合の陰と陽の区分けはいかなる基準による『モノとコト』ですか？」と尋ねました。

「はい、モナド粒子が左回りに開く回転球体スパイラル運動の証しが陽（陽子）で、右回りに閉じる回転球体スパイラル運動の証しが陰（電子）です」

この区分けを火の鳥ミュウの極彩色に相当させますと、前者の渦巻きが赤（火＝陽）で後者の渦巻きが青（水＝陰）で∞《メビウス》状の回転球体スパイラル運動が緑（土）です。

赤、青、緑は光の三原色ですが、これが水《ミ》、火《カ》、土《ド》の神仕組みです。

さらに∞状の運動形態は陰と陽の調和（中性子）を生み出すのですが、特筆すべきは原子核を構成する中性子は創造的環境（わたしたちの魂が生成発展するプログラム）のもとでは変性に必要な波動エネルギーの自律的転換によって陽子化したり電子化したりするということです。

――前に述べたとおり、五芒星と六芒星のユニットは陽＝火《カ》と陰＝水《ミ》を同時に共有していますが、この陰陽の絶対調和こそがカミなのですか？

はい、そうです。

カミという言霊《ことだま》は「陰」でもあれば「陽」でもあり「陰」でもなければ「陽」でもない、いわゆる二律背反《アンチノミー》をも超越している宇宙の絶対性原理を顕《あらわ》しています。

「初めに言葉ありき」と聖書に記されているように、宇宙の創成（ビッグ・バン）はこの唯一無二の絶対性原理（調和＝コスモス）の賜物なのです。

「種を蒔く神々」はこの絶対性原理のもと、モナド粒子（霊子）の超光速回転球体スパイラル運動である宇宙の時空間に無尽蔵に充満する、絶対無＝空（プラナ）の世界（無の世界ではなく宇宙の時空間に実在する、なんとも伸びやかな非物質のエネルギー世界）と、潜在意識の世界（精神世界＝実在界）とを結ぶ宇宙（時間と空間の調和）の、絶対的根源力（慈悲と愛）を体現しています。

――わたしは　七歳の頃の自分に戻り、アニメの『海のトリトン』を気取ってイルカのリリィの背中にヨイショと跨《また》がると、超光速でビューンとテラ地球の周りを七回半まわりました。

するど、どうしたことでしょう？　わたしたちが正円飛行したあとの軌跡には七色の虹のブリッジがうっすらと出来上がりました。

ところで、あなたはセックスをしたことがありますか？

――はい、あります。

あくまで肉体的な摩擦運動に頼るのではなく、魂と魂の「結魂《けっこん》」といいますか、本質と本質のエネルギー交流といいますか、とにかく魂のコア＝意識の中心（心）から発信される波動エネルギーの波長、波形、振幅、周波数がセントラル・サン（銀河系宇宙の中心に位置する神々しい霊太陽）の波動エネルギーと同調（波動共鳴）してバイブレーションを増幅し合いながら、それぞれの魂のステージ（階梯）を高め合う、魂を磨き合うことが本来のセックス（交歓）です。

しかし、この場合銘記すべきポイントがふたつあります。

ひとつ目は、聖なる儀式の本番（基本的に練習はありません）に際して形式《ラーゲ》や伝統や局所的な因習や思想や固定観念等に囚われる必要は毛頭ないということです。

ふたつ目は、いつまでもどこまでも自由奔放に宇宙のリズムと呼応するための、かつ、お互いの「意識」の調和度を研ぎ澄ますための交信の場である、ということです。この真意（神意）を体験学習するための行動様式が、セックスです。

したがって、わたしたちの「意識」の領域には「感情」「知性」「理性」そして「本能」が、ひとりとして例外なく備わっているのです。お互いのエネルギーを分かち合い共有して増幅し合うという先天的なプログラムは、動物、植物、鉱物（二次元、一次元、〇次元）にも見て取れます。

そして、万物の霊長といわれるあなた方地球人は、このプログラムになおかつ後天的な遺伝子（DNA情報）の書き換えをするということが自由意志として天賦《てんぷ》されています。

その才能を生かすも殺すもわたしたちの想念行為（思うこと、言うこと、行うこと）の調和にかかっています。ですから、わたしたちの思うこと、言うこと、行うことの三位一体が、いかほどまで重要かということを改めて知らされるでしょう。

この三つの波動ベクトルは過去、現在、未来の三千大千世界を指して、いつの日か必ず現象化されるということです。

わたしたちの「意識」の羅針盤は、想念波動次第で三百六十度の有りとし有らゆる波動と共振共鳴《シンクロ》します。

したがって、わたしたちは自分の想念と行為を日々の生活の行いの中で、大自然の摂理（天地の理）に適《かな》いますように、宇宙の法則に叶《かな》いますように、八正道に照らして止観することが肝要です。

精妙なバイブレーションは精妙な天上界（常世の実在界）と第三波動レベル

のブラック・バリアを超越して即座に通じます。反対に粗雑なバイブレーションは同じように粗雑な地下世界（地獄）とこれまた即座に通じます。是即ち「一念三千」です。

わたしたちの「意識」の雰囲気は、それが精妙であればあるほど黄金色の、それはそれは美しい筆舌に尽くしがたい、やわらかい波動（モナド粒子）のシャワーに包まれます。

あなたは金粉現象に遭遇していますか？

——はい、あります。熊本の幣立《へいだて》神宮でお話会の途中、わたしの顔や手や足が、まったりとした金粉に包まれたことを記憶しています。

それは金のバイブレーションがまずは気体として体内に取り込まれ、次に液体の汗になって、それが乾いて固体の金になるというプロセスを踏んでいるのです。仏像の多くに黄金のメッキが施してあるのはそういう由来なのです。

その「光景」はわたしたちの「意識」の調和度（霊域＝オーラの光量）に比

例して燦然と輝くのです。

このとき、ハートの経絡（アナハタ・チャクラ）は、巴形にクルリクルリと超光速回転しながらモナド粒子（霊子）から成るまばゆいばかりのゴールド光線を四方八方に放射します。そして、絶え間なく「連続」する光の輪がアナハタ・チャクラから同心円（水紋）状に拡がって、時間と空間の調和（愛）を育みます。

その模様は千変万化してやまない万華鏡をのぞき見るように、未来永劫、実に麗しいのです。


――フッと空を見上げますと、とても大きな、地球と金星の間を架け渡せるくらいの二本の虹が空一杯に映えていました。

「おお、美しい」と、わたしは感謝と祝福のメッセージを奈良は天川村坪内にご鎮座あそばれる天河大弁財天社の弁天様《サラスバディ》に照射しました。

いやはや、なんとも不思議。その虹は夜になってもぐっすり眠ったまま朝まで消えることなく、七色の光彩を無償に放っていました。

おんそらそばていゑいそわか。

そして、天空の父および大地の母に、心から感謝申し上げます。

第十七章

フェニックス・ロード

――わたしとリリィはテラ地球の兄弟惑星であるサラ金星の上空約五十五キロメートルの宙に浮かんで、フラフラフラとフラダンスを踊っていました。すると遠くの山裾から、そう、あれは火《ひ》の基《もと》(霊の元＝日の本)に住むと太古の昔から語り継がれている伝説の霊鳥フェニックス(火の鳥)神話に登場する、大和《やまと》の国の鳳凰《ほうおう》ミュウの鳴き声が、キーキーと聴こえてきました。

あら? おかしいな。なぜサラの公転軌道上にあんなに大きな山がポッカリと、まるで天空の城のように浮かんでいるのかしら? それとも、あれはサラの衛星なのだろうか? いや、やっぱりそうじゃあないぞ。

「ええ、そうよ。あの山は衛星なんかじゃあないわ」と、リリィはさりげなく口火を切りました。

「あの山は世界《ユニバース》の中心である須弥山よ。またの名をシュメール山ともいうわ。そうね、須弥山は太陽系霊団の富士山ってところね。この宇宙には須弥山のような世界の中心、あるいは中央が無数にあるわ」

それでは、あの山の噴火口は、わたしたち神の子、星の子、光の子のエネルギー源なんだろうか？　あのポカンと口を開けている富士山の噴火口の奥のそのまた奥の方には、わたしたちが今だかつて肉眼で捕らえたことのない未知のエネルギー・スポット（霊波の根源）が実際にあるのだろうか？

「ええ。そうよ。あの大きな口は生命エネルギーの通り道なの。日本の富士山（不二山）も太陽系宇宙の中心であるアガ・ラマも、みんな光（L＝エル）エネルギーの通り道なの」と、リリィは物静かに答えました。

「と同時に、あの山の噴火口は瞬間移動《テレポート》する際の時空間トンネル（次元プリズム）でもあるの。テラの衛星ルナ（月生命体）の正円公転軌道も、あるＵＦＯ（反重力光子宇宙船）がテレポーテーションする際の磁場エネルギー変換装置として機能しているのね。

わたしたちイルカ族がプレアデス星団のアルキオネからテラへテレポートして来るときも、まずサラ金星の軌道を、それからルナの軌道を通ってこの青くて瑞々《みずみず》しい水の惑星テラの大西洋に辿り着いたのよ。

他の星から、たとえばシリウスからテレポートして来るときにも同じルートを経て来るのよって、あたしの祖母がいつだったかお話してくれたわ。

もっと正確にいうとね、惑星や衛星の公転軌道は楕円だったり正円だったりするけれど、その自転、公転運動の軌跡は、たとえばサラ金星の場合だとね、アガ・ラマ（太陽）を中心に公転運動する運動の点、線、面を立体的にトレースすると、そこにはケプラーの法則どおりの楕円の長径を直径とする3Dの完全球体を見て取れるはずなのね。

でもって、その3Dの球体をはじめ、太陽系全体がアガ・ラマをあるいはセントラル・サン（霊太陽）を中心にしてグルグルと自転、公転運動しているわけだから、そのドーナツ状の通り道がテレポートの際の時空間トンネル（ワーム・ホール＝時空間連絡網）になると、まあ、そんなところかしら。

ただし、楕円の短径を直径とする内側の球体部分は、サラ等の回転運動の軌跡に含まれないでしょ？　だからその様は、まるでおかあさんの子宮のようにスッポリと空《から》になっているの。お話はまだまだ続くわよ」

と、リリィは凛々しく言いました。

「それからもうひとつ、3Dの完全球体のルナとの相似象よね。水星、金星、地球、火星、木星、土星、天王星、海王星、冥王星の各惑星の公転軌道は楕円を描いているけれど、ルナ（月生命体）の場合はちょっと違うわ。

ルナの軌道はなんと正円なのよ。でね、ルナはテラに対していつも同じ面（表側の顔）しか見せていないの。だからね、裏の顔を見るのは地球からだと、ちょっと無理なの。

しかし、わたしたちは重力（地球との間に働く「万有引力」と、地球の自転による「遠心力」との合力）から解放されて、このように宇宙に飛翔しているからこそルナの全容を知ることが、幸いにも出来るのよ。そして太陽系宇宙にはもうひとつのルナが存在することもだわ。ルナⅡは、地球生命体のバランサーという役目を果たしているの」

前にも述べたように、ユニバーシティ（学園）の語源は文字どおり宇宙（ユニバース）にありました。

宇宙の大海原に拡がる無限大の愛（時間と空間の調和）の言霊《ことだま》は、わたしたちの想像をズッと遥かに超えて、今！　テラ地球に降り注ごうとしています。

この一瞬は、いかにも大切なこの一時《ひととき》は、まさに永遠の今を生きるわたしたちの宇宙バンク（共有財産）です。

善、悪や光、影などの二律背反（二項対立）をも、ものの見事に昇華（アセンション＝波動レベルをシフト・アップ）して、まるで水晶の中の瞬間的な明かりのように、ユニバーシティに燦然と輝く光の複合的エネルギーは、世紀末から新世紀へ向けて闇夜をジッと照らし、いつまでもどこまでも神々しく輝き続けるのです。ですから　創造主（神）を信じて神の世界をあなた方の世界に現出してください。開かれる道はその一点！　です。

そして、天上界の音楽に耳をそばだてるならば、まず宇宙の仕組みを理解してから、ということになります。なぜならば、三千大千世界の響き（協和音）は他ならぬわたしたちの魂の鼓動そのものなのですから。

――わたしとリリィはこれから未来の記憶をたどってみることにしました。

水先案内人はいうまでもなくエル・ランティです。

彼はト音記号のようなステッキをスッと天上世界（実在界）の方に向けますと、クルクルと渦を巻く銀河系宇宙の中心に羅針盤の針を合わせました。

と、どこからともなく幾千ものハトの群れがバサバサと翼の音をさんざめかせながら、天空の城を目指したのでした。

わたしとリリィは宇宙の仕組みを理解しようとして、命の舵をとりました。

エル・ランティはウフフフフとほくそ笑みながら、「はい、かしこまりました、ダーリン。前に出てきた『あおうえいのかなたへ』の詩の中に『みいづ』という単語がありましたが、『みいづ』は漢字の『御稜威』で、これはスメラミコトの光を表しています。スメラ↓統《す》める↓スバルと語調が共振共鳴《シンクロ》していますが、これは言霊《ことだま》の共時性（同時性＝シンクロニシティ）です。

というわけで　プレアデス星団を訪問してみましょう」と、言いました。わたしは「エノク書」を眺めながらリリィに、「きみはきれいな翼の御前たちを観たことがありますか？」と、質問しました。するとリリィは、「ゴゼンってなあに？　お昼の前のこと？　それともごはんのことかななあに？　ねえ、教えてちょうだい」と答えました。

ええと、御前というのは……。と、わたしは国語辞典で調べてみようとしたところ、心の師エル・ランティは「ちょっと待った！」といわんばかりにト音記号のような杖を振って、御前ではなくて「百聞は一見にしかず」のページにわたしの注意を促しました。

わたしは杖の先が指し示す字句をリリィにも解りやすいよう、話し言葉にアレンジしてゆっくりと読んでみることにしました。と、一体どうしたことでしょう。

なんと、そのページに書いてあるひらがなやカタカナや漢字がにわかに踊りはじめたのです。グルグルと目まぐるしく　キラキラと輝く星の子ダンスのように……。そして、フッと気がつくと、わたしは天空の彼方に冴え渡るプレアデス星団（スバル座）のアトラスの七人姉妹ことケラエノ、マイア、タイゲタ、メロペ、ステロペ、エレクトラ、アルシオーネといった星の群島をリリィと手をつないで第三の目の玉から観測用のビームを放射しながら空中遊泳しました。

それはリアルな体験です。実に美しい光景です。リラックスしてこのまま仮想現実を直接実感してみてください。

――リリィとわたしの頭上を世にも不思議な火の鳥がユウユウと航行してゆきました。するとリリィは、「あの子は　パトラシオン・フェニックスっていう名前なの。ね？　とても可愛いでしょ。

でね、あの子の通り道にはいつだって赤、橙、黄、緑、青、藍、紫のほうせんかの種みたいなちっちゃな水晶玉がポロローンってそこいらじゅうに転がっているんだよ。

あたしは七夕様のお祭りの日になるとね、パパとママと一緒に、きれいなガラスの小箱の中に色々な色の水晶玉をしこたま集めるの。すごいでしょ。こんどあたしのうちに遊びにおいで。そうしたら見せてあげるよ。あたしの宝物だけど、ぜーんぶ観せてあげるからね」

リリィは左腕をスパイラル状にグルグルと回して、得意満面の笑みを浮かべながら「火」の鳥と「水」晶玉の関係について嬉しそうに説明してくれました。

わたしは「どうもありがとう」とお礼を言って、プレアデス星団のアルシオーネの静なる大海プリオシーヌの上空約五百メートルの位置に、数十万機ものスカウト・シップ搭載が可能な、超特大の航空母艦フェニックス・ロード（孔雀の道）を凝視しました。

われらが宇宙神殿はこのフェニックス・ロードの臍《へそ》、いわゆるエネルギー交流磁場の中心的スポットとしてフル機能しています。すべての宇宙情報と霊界物語はここで融合します。

リリィのママは第五波動レベルの現在の銀河系宇宙人（光の宇宙家族）との日常的な「念波」コミュニケーションを宇宙神殿に設置されている、巫女座のモニターを眺めて具象化しています。ですから、すべてはリアル・タイムの体験なわけです。

彼女のステージは巫女座の長《おさ》で、ニック・ネームは孔雀御前様です。彼女は必要に応じて胎内回帰（羊水体験）現象を光の宇宙家族にヒーラーとして施します。

――「ふーん。あたしのママって御前なんだ。それじゃあ御前ってお昼の前でもごはんのことでもなかったんだね。なーんだ、そっかー。そーゆーことだったんだ」

と、リリイは唇で０の字を形作りました。そして、わたしたちはせっせっせーのヨイヨイヨイをしながら、リリィのお母さんに思いを馳せました。

第十八章

新世紀の幕開け

ゼータ・レチクル星人はテラ地球（ガイア地球生命体）に度々訪問しています。その目的は地球人の神経化学的な諸反応を洞察するためと、遺伝子を奪取するためです。

多くの地球人はこれらの現象を恐怖体験として認識しています。しかし実際は遺伝子を提供するという内なる契約を、それぞれの「魂」が選択して地球に出生しているのです。

ゼータ・レチクル星人は地球人との間の、いわば「混血種」を望んでいます。それは性交渉《セックス》によってではなく、遺伝子工学的な操作およびクローン技術によってということになります。そのための情報源を収集するために誘拐した地球人の体内に、有機的金属チップのインプラントを施しているのです。

彼らから見た地球人の本能と感情の波動エネルギーはまさに驚異そのものです。特に母親が子どもに与える母性愛は彼らの知識をもってしても直感的な理解を超えているようです。ですから、ウィトリー・ストライバーがいうように、彼らはまさに魂の深淵を探っていて、彼らが求める『モノとコト』は、霊的な交わりなのです。そのためゼータ・レチクル星人がテラ地球に訪問する際、過去の時空間からの場合と未来の時空間からの場合の双方があります。

ただし、過去の時空間からの場合は極度にネガティブな宇宙人「グレイ」ですから、必ずしも友好的とは限りません。ときとして地球人を恐怖のどん底に突き落とすことで、地球人の霊的進化を阻むことさえ平然と行います。

彼らは同じくネガティブ志向の宇宙人と「ブラック・リーグ」を連携しています。その組織は地底連合のバイブレーションと共振共鳴します。マイナス四次元の○段階からマイナス九次元の九段階まで千差万別です。彼らは地球人に憑依《ひょうい》することによって、あたかも灰の中から蘇る不死鳥のように、旧復活を意図しています。しかし彼らの思惑はまったくの失敗に終わるでしょう。

なぜなら「種を蒔く神々」がその意図を事前にサーチして、未来からの光を

「ブラック・リーグ」の面々に照射するからです。自制する心を身につけたヒトは、生まれては消えるあらゆる感情の奴隷となることを選択しません。感情《パッション》が自分をとおして表現する『モノとコト』を選ぶことができるのです。

ブラック・リーグの輩《やから》も、御神光の眼前にあっては暗黒の翼をはためかせる技術を全く失ってしまいます。その波動エネルギーは慈悲と愛のコトバ（光透波）による『モノとコト』ですから……。

――「グレイ」という存在は、わたしたち人類の「喜怒哀楽」が欲しいのですね？　彼らと友好的な関係を築くことはこれから出来ないのでしょうか？

それは実に愉快かつ聡明な質問です。それにはあなた方地球人がすべての存在に対してオープン・マインドになることです。己に忠実に他人に寛容になるように。まず現実を直視して、これまでの被害者意識を捨て、恐怖におののかないことです。この際見栄も体裁も喜捨してください。そして、陰と陽（ネガ・ポジ）の調和を目指すことです。
それはある意味で彼らの「過去」の歴史を書き換えることになります。またそうすることがわたしたちの「統合」に資することも事実です。彼らは現在の地球人と交流することで、自らの過去を癒して「未来」の記憶を取り戻そうとしているのです。
したがって恐怖心との直面を避けることからは新しい発芽はけっして期待できません。ときとして最悪の難関こそが最良の成果をもたらすことさえ十分にあり得るからです。

――現在の地球人は「個人主義」に執着しています。また、ゼータ・レチクル星人は「全体主義」に固執しています。本来の「統合」に向けて両者の精神構造が相向き合う秋《とき》にわたしたちは今遭遇しているのですね？

はい、そのとおりです。彼らの種《しゅ》は今や瀕死の境遇に際していますが彼らの魂（本質）は今後も原子体（アトム体）に転生することを望んでいます。また自らの遺伝形質を残してそれが再生産されるようにと、彼らの本質は四次元の二から三段階から、五次元の○から一段階にシフト・アップすることを意図的に遅らせています。

反対にあなた方地球人は本質のシフト・アップ（アセンション）を期していますから、両者はこのレベルにおいても葛藤しています。しかし「統合」は両者の軋轢《あつれき》をも取り払うことになるでしょう。ちょうどベルリンの壁が崩壊したように……。

現在の地球人の「意識」の調和度の平均値は光の段階（四次元以降の高次元世界の指数）で表わすと、前に述べたように四次元の二から三段階です。アセンション後の本質の波動レベルは、五次元の○から一段階までシフト・アップします。とはいえ三次元世界が消滅するわけではありませんので誤解しないでください。

ここでいう高次元世界の換算とは、あくまで天上界（実在界）の波動エネルギーの階層（意識の調和度）のことで、四次元の○段階から九次元の九段階まで指数化（プリズム化）できます。

「意識」の調和度は光子体（フォトン体）の光量（オーラの大きさ）に比例していて四、五、六、七、八、九次元は仏教でいう幽界、霊界、神界、菩薩界、如来界、宇宙界に相当しています。調和度は言い換えますと洗心（身魂磨き）の程度なわけですから、この世（物質世界＝現象界）での精神状況が　そのままあの世（精神世界＝実在界）に反映します。

「洗心」する場合にいちばん重要な『モノとコト』は、過去、現在、未来における執着心（こだわり、わだかまり）をすべて水に流すということです。執着心は残念（残留想念）となって時空間に不調和（闇）を来《きた》しますし、その結果止み（病み）を生じます。

大自然の摂理に反する残留想念（心の三毒＝愚痴、怒り、貪り）は、いつの日か必ずリバウンドとして現象化します。同様に愛と調和と創造の波動エネルギー（真、善、美の想念）はいつの日か必ずや具現化します。

たとえばヤンさんがウーさんに憎しみの想念波動を発信したとき、ウーさんもヤンさんと同様に憎しみの想念波動を受信した場合、両者の想念波動が同調《シンクロ》して売り言葉に買い言葉式に憎しみの想念波動が増幅します。そうなると、ふたりの明日の関係は喧嘩沙汰《けんかさた》になってしまうでしょう。

しかし、ウーさんの想念波動に愚痴、怒り、貪り等の不調和なバイブレーションが宿っていない場合、ウーさんの魂（本質）はヤンさんの想念波動と交信（周波数、波長、波形、振幅が同調）しませんので、ヤンさんの粗雑な念波とウーさんの精妙な念波が波動共鳴《シンクロ》することはありません。その結果ウーさんには罪悪を産む現象が生じることはないのです。

つまり、精妙な波動エネルギーはそれ自体が光のバリアとして機能しますので、粗雑なバイブレーションがウーさんのオーラ（霊域）を侵犯することは出来ないということです。

よってヤンさんが発信する粗雑な波動エネルギーは、その行方を完全に失ってしまいます。これを現在のテラ地球の波動数値に照らし合わせてみますと、マイナス○次元の一段階からマイナス九次元の九段階までの多次元世界を巡り巡って、結局のところヤンさん自身の元に帰ってくるのです。

なぜならヤンさんの想念行為は天に向かって唾《つば》するのと同じことですので、ヤンさんは自分の心（意識の中心）が交信する不調和な念波による現象化（たとえばアトム体の止みとかフォトン体の病みとか）に苛《さいな》まれるからです。

すなわち、原因と結果は輪廻していて「ヒトを呪わば穴ふたつ」ということにならざるを得ません。ですから栄耀栄華にうつつを抜かしている暇などないのです。ましてや「呪詛《じゅそ》」などもってのほかです。彼らは中道の立場で自分自身を、そしてヒトとしての道（生きる指針）をよくよく反省する必要があるでしょう。

これら一連の現象化（善化および悪化）は、いわば作用に対する反作用であって、その方向性（意識のベクトル）は、わたしたちの自由意志（魂の発動）が決定づけるのです。

ここで留意すべき点は、過去、現在、未来に起こる『モノとコト』の諸行無常の現象は、天上の世界（常世の国）、地下の世界（地獄）そのものの、等身大の投影図（映し世）であるということがひとつ。

もうひとつは「自由なる意志決定」を、ややもすると近視眼的なあるいは刹那的なエゴイズムの淵に陥れるやもしれない！　という否定的コントロール装置を払拭《ふっしょく》して「新世紀の予感」を声高らかにシュプレヒコールするということです。

そして、わたしたちは素晴らしい「時の潮流」を再体現する光の存在（家族）であることを、よりリアルにこの季節に実感するということの三点です。

どちらのケースもヒトの「自由意志」は自然発生する『モノとコト』であるということに気づいてください。焦らずとも急いで。

これらの事象は「比類なき生命の誕生と成長」と呼ぶに相応《ふさわ》しいアクエリアスの申し子らに託された、地上天国（仏国土・ユートピア）の建築設計に他ならないのです。

地球人とゼータ・レチクル星人は、その熱心さと冷静さによって正しい祈り（意乗り）と生命賛歌という『モノとコト』をきっと知り得ることでしょう。

お解りになりましたか？

――はい、実感できました。否定的なコントロール装置を外すキーは知恵と勇気と努力ですね。そのためには謙虚さが肝要なのですね。「実るほど頭の下がる稲穂かな」誠にそのとおりです。金剛原石も磨かなくてはあの美しい光沢は出ませんから。陰徳を積むことがいかほど大事かというメッセージが胸に染みますね。

わたしはいっしょうけんめい精進して身魂磨きに勤めたいと思います。ありがとうございました。おかげさまで胸のつっかえがスッキリと取れました。さっそく今日からあるがままにすべてを享《う》け入れて、謙虚かつ勇敢に悠々毅然《きぜん》と生きて参ります。人生って、ほんとに楽しいですね。

第十九章

陰徳と陽報について

――わたしたちは天使の再来を夢見ています。それが現実の日になるまで生きとし生けるモノ、有りとし有らゆるコトは忍辱《にんにく》の心を肝に銘じていく所存です。

哀しみや苦しみの連続の中においても、現在のそして未来の光を念頭に置いてそのチャンスの到来を歓迎します。

新しい「今」が存続する限りは退廃的なムードに酔うこともけっして致しません。その『モノとコト』をここに、そこに、あそこに、どこにも誓います。真実の存在に対して双眼を見開きます。

すべての息吹を確信して明日の糧にして参ります。

「愛と調和と創造」を心の指針として日々の「行」を行います。「大いなる霊の元」に心から感謝申し上げます。

どうもありがとうございます。


すべての霊的存在はあなたの言葉によって今、蘇りました。それから、もうひとつ捕捉しなくてはならないことがあります。実のところ、あなた方自身が他ならぬ天使だ、ということです。首を長くして顔を小さくして待ち望まなくても一向に構わないのです。あなた方の翼をバサバサとはためかせてください。

今現在の有りとし有らゆる、あるがままの自分をあなたの「潜在意識」で承諾してください。自分を赦してあげてください。隣の芝生が青く見えることがあっても、それはそれでいいのです。天使の眼《まなこ》にだって彼岸にフラフラ此岸にフラフラと多少ちらついたり幻影がフッと往来することだってあるのですから……。

要はひがまないこと。未練を抱かないことです。

オーケー。オール・ライト。ソー・ファインです。

新しい自分自身を発見するにあたって「温故知新」という言葉が芽吹いてく

ることがあります。それは反省禅定、洗心瞑想です。

今から約二千六百年前、お釈迦様の時代にはすべての比丘、比丘尼たちは夜の帳《とばり》にソッと包まれる頃になりますと、今日の思いと行い、昨日の思いと行い、十年前の思いと行いを皆で反省しました。超能力を身につけようと禅定していたのではなく、もっぱら心を洗うための瞑想をしていたのです。

形式は特に問われませんでしたけど、ゆったりとした衣を身にまとい、いちばんリラックス出来る恰好をして、とっても心地よく瞑想しました。その姿はといえば、今でさえ健在（顕在）です。

洗心がある程度進んできますと、ハートのチャクラがフワッと暖かく感じられてくるでしょう。それもひとつのバロメータです。ときとして多くのビジョンをそれが現実に存在するかのように、心の底から確認できるまで見せられる（魅せられる）こともあります。幽体離脱（原子体と光子体がオーバーラップしながら離れること）を日常茶飯事のように体験することもあります。あるいは生前の伯母さんに出逢って会話をしたり、光のドームの中で守護天使や指導天使の教えを直接拝聴することもあります。

このような体験の持ち主はあなたの周りにも現在たくさんいることでしょう。

――はい、いらっしゃいます。臨死体験をした方の光のドーム体験ですとか、退行催眠による誕生以前の過去世体験ですとか……。その他いっぱい。

とはいえ瞑想をしながらあらゆる恐怖体験を通過儀礼としてそれらを一つひとつクリアしていったとき、阿修羅《あしゅら》や餓鬼《がき》や畜生が跳梁跋扈《ちょうりょうばっこ》する光景を「実」の体験として味わうことが出来ます。これは地獄界探訪記ですが、詳しくは別の機会に譲りましょう。

――それは心の「やすらぎ」の対極に位置する、余りにも厳しい世界でしょうね？

はい、そうです。あなたはその不調和な世界を熟知しているはずです。昨今のニュース番組を見ても、そのような世相がいかほど魑魅魍魎《ちみもうりょう》として渦巻いていることか。

自分自身に忠実に（あくまで正直に）他人に寛容な精神（心）を抱いてください。そうすれば自ずと「道」は拓《ひら》けてきます。

不調和な精神をこの際一掃してください。そうすると極自然に正しいバイブレーションとエネルギーが同調するようになります。それには、まず「陰徳」を積むことです。積徳修善です。「陰徳」には「陽報」があるのです。あなた方の未来は他ならぬあなた方が切り拓いてゆきます。いたずらに他人任せにしないでください。何事につけ他人任せにしますと言葉が濁ってきます。つまり「徳」が「毒」になるのです。気をつけたい『モノとコト』です。

イエス様の言った「死者」とは、真理の光に超無意識で真実が見えない地球人自身のことです。言い換えれば、自力更生がないヒトたちのことです。

テレビセットと同様に、まずリモコンからの発信（発振）があって初めて受信（受振）があります。この『モノとコト』は入り出口ではなくて出入り口という言の葉とまったく同じアナロジーです。あなた方からまず発信することで、交信（エネルギー同調）が始まり、すべてが現象化するのです。これがラジオの場合はその波長、波形、振幅、周波数に応じた音が鼓膜を振動させ、聴覚神経をとおして鑑賞できるようになるということです。これは宇宙の法則です。

すべての事柄はこのようなメカニズムによって現象化します。この点からも自らの身の回りの環境を整えるのが肝要で、他人のせいには出来ないということの道理が解るでしょう。それは夫婦の関係についても当てはまります。

夫を拝む妻のさりげない心、妻を拝む夫のあたたかい心こそ夫婦円満の心得です。その結果どちらもが生き生かし合うところに天国が生まれます。自分だけ生きようとするのは破滅の道です。生かし合いは和合愛楽の道です。世の中は自然調和が元です。自然を離れて西国浄土はありません。この道理は夫婦の関係に止まらず、親と子、師と弟、経営者と雇用者、自国と他国等すべての相対的関係について自ずと適応されます。

和合をはずしますとすべてが崩壊します。火と水がそうです。ともに反発し合っているように見えますがそうではありません。火は「縦」に昇り水は「横」に広がります。つまり、厳《いず》と瑞《みず》の関係です。

火は熱く水は冷たいですが、ふたつが仲良く調和するところでご飯が炊けます。火が水に勝《まさ》れば焦げたカチカチのご飯になって、水が火に勝ればふにゃふにゃの水っぽいご飯になります。

火は水を生かし、水は火を生かすところに己《おの》が天命を授かっているのです。和合是即ち陰陽の調和です。

――おいしいご飯が食べたいですね。

それには生まれてから今日までの思いと行いを真心をこめて「反省、懺悔」し整理整頓して、日々の行《おこない》に勤しむことが肝要です。すると明るい、い、い、日が明日になるのです。

「行即光」です。光源のない処に光はありませんし、光のない処に光源はありえないのです。

したがって、仏教には本来大乗も小乗も顕教も密教もないのです。宇宙の真理（神理）は唯一無二です。時代の新旧によって変わることのない普遍な教えなのです。

また「反省」は神仏が与えた「慈悲」そのものです。現地球上の生物の中で「反省」の醍醐味を知っているのはヒトとイルカぐらいです。いずれにせよ神仏から与えられた神秘な言の葉を大事にして、日々の実践行為の中で勇気をもってすべての出来事にアクセスしてください。道は必ずや開かれます。これは万物の霊長の特権と使命です。

残念ながら猿はヒトのようには「反省」出来ません。ものまね大道芸人ならいざ知らす「意識」の調和度はヒトと猿では大違いです。ちなみに上野動物園の柵に囲まれた猿をこれから三百万年観察してごらんなさい。

火を使うようになりますか？　言葉を交わすようになりますか？　答えは当然「否」です。繰り返しになりますが「反省」はあなた方が神仏から与えられた「慈悲」です。怠ってはなりません。

「洗心瞑想」「反省禅定」をこの機会に心の糧にしてください。それには前に述べたようにテクニックは無用です。

自然の摂理は一即多、多即一で、部分は全体で、全体は部分で、あなたはわたくしで、わたくしはあなたですから、禅定のランクが上昇するにつれて、すべては他人ごとではないということに気がつきます。このように新しい自分に出逢うというのは、愛のヒトになるという宣言でもあります。

それによって「大いなる霊の元」の生成発展のプログラムである共存共栄、四海同胞、八紘《はっこう》（醗酵＝発光）一宇《いちう》が現実の出来事になるのです。それではガイア（地球生命体）の祈り（意乗り）を聴いてください。

「わたしの体は現在、一部病んでいます。それを一斉に、たとえば馬の尻尾に止まったハエを振り払おうとして自浄作用をおこそうものなら、また一気に自然治癒力（自己免疫力）を発揮しようものなら、地球上の幾千万もの生命体は存続できなくなるでしょう。わたしは今、そのことを危惧《きぐ》しています。

しかし、わたしにも酸化還元力が備わっています。南極の氷が解け始めて久しいのですが、このままではあと二十年の間に海の水位は十五センチ程、またはそれ以上の上昇を見ることになるでしょう。それはとても悲しい現実です。わたしの体の温暖化を今すぐストップすることは不可能なのです。

このままではまったく追いつきません。そのことをどうか地球人の皆さん、するどく自覚してください。オゾン層にも穴がたくさんあいています。南極大陸の三分の一は剥《む》き出し状態になっています。日本の上空のオゾン層にもすっぽり穴があいていて、有害な紫外線が大量に降り注いでいます。

これは恐ろしい『モノとコト』なんですよ。そのことに一日も早く気づいて、そして、地球の環境美化の一翼を担ってください。

くれぐれもよろしくお願いします。


——出来ることから地球環境の美化運動に取り組んで参りたいと思います。皆の力を合わせる「時」に、今！　どうやら出くわしているようですね。明日早速、地球環境に関する資料を図書館で集めてきます。わたしは勉学熱心かな？

第二十章

花に水、人に愛

第二十章

日本人の名誉

もしもあなた方の周りに不調和な現象が起きているとしたら、それらはすべて気のせいです。そう、たしかに「気」のせいです。「気」のエネルギー同調による因縁因果の法則なのです。しかし、落胆する必要はありません。「気」のエネルギーはポジ（陽）にもネガ（陰）にも同調します。したがってあなた方のチャンネル変換次第では、さまざまな力点、支点、作用点を体験することが出来ます。それはいかにも実直な『モノとコト』です。

己の神性と内なる仏性を信ずることです。根本創造主「大いなる霊の元」との自同律《トートロジー》を体感することです。

なぜなら、それらの事実、現象こそは「自由意志」の発露に他ならないのですから……。

すべては「一念三千」の賜物です。心の指針は三百六十度いつか何処かでアンテナを張ることが出来ます。

ただし、ここで留意すべき点は前にも述べたようにポジ（陽）が善でネガ（陰）が悪という関係ではとうてい語り尽くせない、ということです。あくまでもポジ（陽）とネガ（陰）のいわば「調和意識体」が善で、ポジとネガの「不調和意識体」が悪だということです。このことはたいへん微妙なところですから取り違えないようにしてください。

――不調和な波動エネルギーと同調（波動共鳴）する場合、そのヒトの後光《オーラ》は白く濁っていたり真っ黒にくすんでいたりしますね。これはわたしの体験から察してのことですが……。

はい、そうです。カラーが燻《くすぶ》ってきます。その場合は同調している不調和な波動エネルギー体に、生前の思念と行為の「反省」を促すことが当然な「心行」です。反省、懺悔も含めてすべてが計画されています。と同時に、憑依されているヒトが自ら「意識転換」出来ようにサポートするということです。
お祓《はら》いをするということは、埃だらけのところを払ってその埃を他にまた落とすことと同じで、根本的な掃除にはなりません。同様にこの場合の「意識転換」とは自我我欲、私利私欲をモノともせず、人間らしく心の汗をかき、真珠の涙を流して、生かされ生きているコトに歓びを抱き、すべての存在に感謝して天寿を全うするということです。

つまり、自力更生することです。その上で初めて他力本願が訪れるのです。これが「花に水、人に愛」の原理です。この『モノとコト』は太陽系宇宙像を演出してやまない十二の惑星、すなわち水星、金星、地球、火星、マルス星、木星、土星、天王星、海王星、冥王星、サヒラ星、サブリナ星とすべての衛星および太陽（アガ・ラマ）についても当てはまります。

すなわち自力で発信（発振）した結果、バイブレーションが同調（波動共鳴）して所作の現象が起きるということ。そして真に調和《バランス》と諸々のハーモニーのとれた指導者でしたら、これらの『モノとコト』を素晴らしく体現して、「文証」「理証」「現証」の三点セットがサッと揃っています。このうちのどれかひとつが欠けても不完全燃焼を起こしてしまいますから……。もしそうでないヒトはご自分に不都合なことがありますと、口角泡を飛ばして罵《のの》ることでしょう。

あなた方の審美眼《しんびがん》にかなう真のメシアの法をよく聴いて咀嚼《そしゃく》して、それを「実践」することです。あなた方が救われる道はこの一点！　なのです。そして甘露の法雨を降らせることです。アボロキティー・シュバラー（観自在超能力者）の教えをモノにして、日々の実践生活の中でそれらの学びを活かしてゆくコトが肝要でしょう。まずは声聞、縁覚からスタートして、阿羅漢《アラハン》の境地に、さらに菩薩《ボサッター》、ひいては如来の悟り（顕在意識と潜在意識の差取り）を得るように益々精進してください。

それには光の連絡網（ワーム・ホール）のブロックを払拭して、あなた方の否定的コントロール装置から根本的に解放されるようにしてください。どうか「大いなる霊の元」の神意識と一心同体になって、魂をゴシゴシと一回に三分の一ずつ守護天使様に磨いてもらってください。就寝前にその旨を守護天使様、指導天使様にお願いしてください。そして、無条件の愛をこの世で体現してください。

そう、抑揚をつけて、コブシをきかせて……。

――彼岸の扉はもうすぐそこまで来ています。インドの御時世のプッタ・スートラ（仏教）の新復活を是非図らねばなりません。これはわたしたちに課せられたひとつの必須命題だと思われます。扉を開けるのは、今！です。

とある意味で、アセンション前のテラ地球の「時間」は限られています。焦らずに急ぐ必要があるでしょう。

実際に宇宙の「相対時間」は相変わらずで、時計のカチカチという音を刻んでいますが、一方で「絶対時間」は短縮しています。

としますと、腹時計《パワートロン》の方がよっぽど正確だとは言えないでしょうか？

はい。現にプッタ・スートラ（仏教）だけでなく、ユダヤ教、キリスト教、イスラム教をはじめとする世界中のすべての宗教は、その原点に立ち返らなければない程に時は「末法の世」と化しています。しかし、ほんとうの真理（神理）は時代の新旧によって変わる『モノとコト』ではありません。ガンガーの流れもヨルダン河の流れも、今も昔もその方向を変えてはいないようにです。

二十一世紀は激動の時代になるでしょう。わたしたちは産みの苦しみを、うしろの正面に誰かを見つけるまで学習体験することになります。昇華《アセンション》の夜明けの晩にです。

たとえば、株式の利用価値は益々減ってゆくでしょう。そして金融業界に一大変化が訪れることでしょう。私利私欲、自我我欲を満たすための現行の経済システムは、いつの日か必ず破綻します。また、地球環境を少なからず害する商品や動物、植物、鉱物の成長を阻む情報やサービスもだんだん消えてゆきます。

その代わりにバーター制（物々交換）が取り入れられるでしょう。エゴを満たすための国境も必然的になくなるでしょう。四海同胞、地球一家が現実の『モノとコト』になるでしょう。そしてわたしたちの平凡にして非凡な一期一会の現実が、さらなる輝きを増してくるでしょう。

逆に貧乏生活をしていると心まで貧しくなってしまうことがありますが、これはいただけません。大自然の法則（摂理）に順応して、八正道に照らし、正しく働き、健全なライフ・スタイル（中道）を営みましょう。無償の愛と無限の忍耐力をもって……。

そして、あなたのご指摘どおり「相対時間」の方は一見何の変化もないように映りますが、「絶対時間」は刻一刻と対数曲線のようにモナド粒子（究極の宇宙素子＝非物質のエネルギー粒子）がスパイラル状の上昇気流に搭乗しています。

それと同時に、「大宇宙」は超光速でスピンしながら「膨張」かつ「収縮」を繰り返しています。すべての生命はそのバランス上に精妙に成り立っています。わたしたちの身体もモナド粒子も然りです。それはリアル・タイム（実相時間）で行われます。

——「絶対時間」がわたしの「意識」の中で溶けてゆくようです。凝縮した宇宙エネルギーの塊《かたまり》が今部屋の中を席巻しています。これは世にも奇妙な体験です。黄金色の玉子が頭の上で徐々に融解しはじめました。一体どうしたことでしょう？　わたしの体がゴールド光線を四方八方に発振（発信）しています。どこか別の次元に連れていかれる感覚です。背中の翼がワサワサとはためき始めました。少し怖いな。

ときには自然の息吹に触れてみるのも良いことだとは思いませんか？　朝露に輝くシューティング・スターの花びら。山々の樹木を吹き抜ける風の音……。自然はその全容をもってわたしたちに生きる道標を示しています。体験学習用のテキストは「内なる神」と大自然です。

——今、わたしが書いている原稿も内なる神のお導きがなくてはとうてい叶わなかったでしょう。わたしは窓を開《あ》け、光の風穴を空《あ》けるのが大好きです。その内に心の窓も明《あ》けてきそうな予感がしますが、ほんの思い過ごしでしょうか？

いいえ、あなたの心の窓はすでに開き始めています。この原稿を書く、あるいは読むという行為自体がその現れです。あなたはほとんど自動書記でワープロを打っています。その息吹は読者に連鎖反応を引き起こすことでしょう。是非自信をもってください。

さて、ここいらへんでリラクゼーションをしてみましょう。

まず、ゆっくりと瞳を閉じて、やわらかな調べに精神統一をしてください。BGMには萩原直樹作のCD『花鳥風月』の第3番と第7番を、あるいはジョン・ケージやスティーブ・ライヒやブライアン・イーノや細野晴臣の、いわゆるアンビエント・ミュージック（環境音楽）を小さな音量で、なおかつエンドレスで聴くことをお勧めします。

――それは家具衣装的音楽とでも形容できそうな、さりげない旋律ですね。

心なしかハートのチャクラがこんこんと湧く感謝の泉で満たされそうです。

あなた方地球人を生かしてやまない、すべての存在に感謝と祝福のメッセージを送って、今こそ「愛」を饒舌に語ってください。そうです。自分自身を超越して、さらに、これまでパンドラの箱と呼称され封印されてきた燦然と輝く光の存在＝アガ・ラマへの、純粋な愛の表現者こそ、オープン・マインドの自分自身を体験して波動《バイブレーション》レベルの次元上昇《アセンション》を奇跡的に果たすための、虹色のマスター・キーを握っています。

そして、念波（想念波動）のスピードとは、実際それは光速よりも速く、眼にも止まらないほどの勢いで、どんどんどんどん加速してゆくのです。

――余りにもスピート感があって、なんとなく風景が一旦停止して見えますが……。

いつしかあなたはきれいな浜辺で寝転んでいます。寄せては返す波のリズムが、頬を優しく伝わってゆきます。とてもいい気持ちです。あなたはうっとりとその潮騒の風に耳をダンボのようにして同調《シンクロ》してゆきます。いつまでもどこまでも続く地球の呼吸音が、あなたの魂に懐かしい記憶を呼び覚まします。

そう、あなたは大和撫子《やまとなでしこ》への胎内回帰（羊水体験）を果たそうとしているのです。

母親の子宮はあたかも小宇宙のようです。あなたはその温もりを感じながら胎内で成長を遂げ、次第に外の空気を吸うまでにしかと発育して参りました。


――今思い出すと涙が溢れてきます。わたしというこの存在は父母両性調和（受精卵）の賜物です。愛と優しさに包まれて……。


あれもこれも、それもどれも、お父様とお母様のお陰です。

今改めて感謝の真心を末永く両親に贈りましょう。感謝は明日への道しるべです。今、生かされ生きている歓びを、世界中の友と分かち合いましょう。愛が育てる幸せな地球一家を　皆の手で築き上げましょう。

イルカのリリィも元気いっぱいに　常世《とこよ》の大海原を泳ぎまわっています。彼女は天の川《ミルキー・ウェイ》の薫りのように美味な雰囲気とピンク色の光を　あたり一面に漂わせながら、まるで笑顔共和国の大統領のような笑みを浮かべています。なんだか嬉しくて嬉しくて仕方がないみたいです。

首には、あなたが贈った黄色い木綿のハンカチーフを装っています。きょうは　リリィの誕生日でした。

さあ、あなたも泳いでみませんか？　ただプカプカと海面上におなかをポカリと出して、面白おかしく浮かんでいるだけでも結構ですし、リリィにエイッと跨がって『海のトリトン』を気取るのもＯＫです。さあ！　今、まさに生かされ生きていることを深く実体験してください。

――ありがとうございます。そして、いつ死んでも悔いの残らない毎日を「実践」しようと思います。それが、輝かしくも素晴らしいセントラル・サンへの誓いです。

この本とＣＤに関するお問合せ、およびセミナー、講演会のお申し込みは左記までお願いいいたします。

〒５６７－０００６　大阪府茨木市耳原二丁目一二の三三　長野りう
ＴＥＬ　＆　ＦＡＸ　０７２６－４３－６８５９（ＡＭ９時～ＰＭ３時）

エル・ランティの新復活

2000年11月22日　　初版発行

述　　　エル・ランティ
記　　　萩原　直樹
発行者　高橋　守
発行所　株式会社　コスモ・テン
〒105−0011　東京都港区芝公園2−11−17
☎03（5425）6300　FAX. 03（5425）6303
Eメール：cosmo-ten@nifty.com
ホームページ：http://homepage2.nifty.com/cosmo-ten/
編集・装幀　坂井　泉
発売元　太陽出版
〒113−0033　東京都文京区本郷4−1−14
☎03（3814）0471　FAX. 03（3814）2366
印刷所　株式会社トライ

ISBN4-87666-072-7
© Naoki Hagiwara 2000　Printed in Japan
万一落丁、乱丁の場合はお取り替えします。
禁無断転載